Freddy Joel Nanga

Les mille raisons de Monsieur Joël Bo

AF548502

Freddy Joel Nanga

Les mille raisons de Monsieur Joël Bo

Rosa le diable

Éditions Muse

Imprint
Any brand names and product names mentioned in this book are subject to trademark, brand or patent protection and are trademarks or registered trademarks of their respective holders. The use of brand names, product names, common names, trade names, product descriptions etc. even without a particular marking in this work is in no way to be construed to mean that such names may be regarded as unrestricted in respect of trademark and brand protection legislation and could thus be used by anyone.

Cover image: www.ingimage.com

Publisher:
Éditions Muse
is a trademark of
Dodo Books Indian Ocean Ltd., member of the OmniScriptum S.R.L Publishing group
str. A.Russo 15, of. 61, Chisinau-2068, Republic of Moldova Europe
Printed at: see last page
ISBN: 978-620-2-29930-5

Copyright © Freddy Joel Nanga
Copyright © 2021 Dodo Books Indian Ocean Ltd., member of the OmniScriptum S.R.L Publishing group

LES MILLE RAISONS

DE JOEL BO.

2

Promenade de santé

Pour l'essentiel, je me promenais avec le diable, lorsque sans faire le mauvais humble, l'express volonté me prêta soudainement du courage, pour m'aider à entrer dans le bureau de Mademoiselle Jade. Vu l'endroit dans lequel je me retrouvais, et ce malgré moi, autant dire tout de suite que cela fut une promenade de santé. Néanmoins dans la tête, le mental est délicat et chargé d'un imaginaire qui semblait m'encourager à y entrer, sans attendre le moment de voir arriver ma dernière respiration. Comme tout le monde, j'ai eu des déséquilibres, il n'y avait pas de raison de refuser le conseil d'un psychologue, à cet effet. Le déterminant de mon problème n'a pas sans doute son dénominateur commun, l'idée était d'en parler sans tomber en querelle, et sans me laisser tromper par le charme d'une courtoisie incendiaire. J'ai décidé d'aller à l'essai, pour juste croire que l'occasion placera devant moi, un nouveau chemin sans ressentir sur moi des regards d'enthousiasmes, ou d'indiscrétions qui me dévisagent. Tout y était plus ou moins strictement professionnel. Dans une rétrospective, j'ai bien évidemment passé des nuits blanches à réfléchir sur comment vivre librement sans protocole. L'occasion était donné de prévoir l'instabilité à cet effet, avec l'aide véritable d'un docteur du mental.

Comment vivre ma vie pour ne pas déranger le convenu social, avec une personnalité qui n'a pas une actualité qui lui ferait des ennemies d'un autre genre ? Si l'on ne fait pas toujours ce que l'on veut, et si ainsi va la vie alors en y entrant, c'est l'amour que j'avais souhaité faire, quel que soit le côté où je me retrouverai. Puisque nous resterons dans l'heure de la journée pour apprécier sa beauté, il est juste de dire que dans le jour de son bureau, elle est une belle femme, toujours prêt à écouter, et pétri d'une haute sensibilité. De prime abord ; il m'est impossible de m'imaginer la couleur de ses cheveux, bien envasé dans du voile qu'elle recouvrait sur elle à la mode orientale. Je n'avais donc pas tous les éléments pour apprécier. Rien n'est plus permissif pour décrire, en faveur de celle qui est le déclic, et la force de reproduction fertile de dieu, la puissance supérieure dans son amour du début. Dans une robe, elle était la femme parfaite pour arriver à résoudre mon problème. Mais ce que je n'ai pas compris, c'est cette délicatesse pour une telle profession justement. Dans une vie suivante, elle serait possiblement une déesse.

Il est 8 heures, lorsque j'ai garé ma voiture à côté d'une moto très étonnante au parking réservé d'un cabinet privé de consultation psychiatrique. J'y suis entré avec le nom de Jean Petit pour ne pas être reconnu. Ce jeudi de février, l'existence de Jade deviendra une opportunité pour ma liberté.

– Bonsoir Monsieur bienvenu.

– Bonsoir.

– Comment je vous appelle Monsieur ?

– Petit-Jean !

– Et vous comment je vous appelle ?

– Mademoiselle Jade.

– Pourquoi êtes-vous là Monsieur ?

– Le monde entier s'est inféré dans mes pensées je tiens à rassasier le désir de comprendre. Tous que j'entends et regarde semble lier à mon inquiétude. Je me sens présent partout, et vous comprendrez pourquoi.

Elle prenait la parole à juste degré sonore et y insérait de la diplomatie.

– Vu vos honoraires, nous en aurons pour tout juste quelques jours ! De toute façon, cela n'exigera que peu de temps, dépendamment de vous.

– En réalité comme tout médicament, l'innocuité et l'efficacité dépendra du respect du traitement. Signez là s'il vous plaît Monsieur Jean.

– Allez ! Le décompte est lancé, plus une minute à perdre.

– Vous me rejoignez Monsieur ?

– Bien sûr Jade.

– Vous devez être très ouvert!

– Mais pourquoi vous dites ça ?

– Vous parlez différemment. Cela ne me regard pas, mais vous semblez être là, sur le moment, avec quelqu'un d'autre. Hormis le ça, vous mettez beaucoup de nous dans vos phrases.

– Que sais-je de moi-même, qui ne me soit soumis ou inspiré ! C'est tout aussi bien vous qui nous vouvoyer. Bah ! Disons que je suis un homme de caractère.

– Monsieur Jean, vous avez peut-être trouvé un nouveau moyen d'être humble, et respectueux.

– J'ai juste beaucoup de considération, pour l'expert de ma vie, qui vit en moi. Je ne suis donc pas, totalement intelligent. Je vie avec mes raisons.

– J'avais bien une raison aussi en le disant, vous avez un bel 'esprit.

– En effet, j'ai la raison. C'est vous qui sembler vraiment avoir de l'esprit, avec des lunettes de philosophes posez au-dessus de votre nez, et qui cache de si bons yeux. Mais quoi ! Est-ce que la thérapie vient de commencer ?

– Ne soyez pas intimidé, et ne vous laisser pas distraire.

– J'ai le sentiment que, nous aurons des durables rapports d'amitiés. Moi je l'ai su tout à l'heure, parce que vous m'aviez été d'un accueil facile. Je sens dans votre aura, que vous attirez de la confiance, même si ce sourire est un peu une couture.

Un radio-poste, un écran plasma, et le wifi. Et là, c'est la télécommande, pour régler la climatisation ! Tout l'arsenal qu'il faut pour des petites recherches chercheuses. Nous voyions tous ce que nous pouvons désirer, mais il n'est pas toujours à nous, de prévoir ce qui nous privera de nos droits naturels.

– Surtout prenez du plaisir allongé vous!

– C'est très malin, pour éviter de salé sa blouse par les larmes des patients. Mais il n y a que vous qui ne prendrez pas, pour un malade mentale ! Vous permettez que je m'allonge alors ?

– Vous y êtes !

– Accordez-moi un instant Monsieur Jean. Jade sortira et reviendra quelques instants après. Profiter pour faire du vide dans votre tête.

– Nous ne sommes pas là pour tuer le temps Mademoiselle Jade. C'est des instants, qui marquent, le début d'un riche temps qui déjà s'envole. J'espère que vous prendrez tout en considération.

– Ne soyez pas trop exigent Monsieur c'est juste une minute s'il vous plaît.

– C'est bien moi le patient !

Quelques instants après.

– Jade vous êtes déjà là ? D'aucun avale un somnifère, ou boive du café pour ne pas s'endormir. Il nous faut traverser la rue pour nous les donner, mais à cette heure ce n'est pas la pause !

– Vous êtes en train, il me semble de vouloir m'inviter à prendre un café Monsieur Jean ? Suite à un temps d'accalmie.

– Ce que je te propose n'est pas malhonnête. J'en abuse peut-être ?

– Un autre jour peut-être.

– C'est de la brutalité psychologique. Tu vois ! Même toi tu parles déjà comme eux Jade.

– Qui eux ?

– Le reste du monde. Peu importe une réaction de votre part, j'aurai le sort que le destin m'a prévu. Mais ce n'est pas des façons de traiter un malade. Si jusqu'ici vous m'avez écouté dites-moi ce que j'ai madame.

– Il est 9 heures16 minutes. Je vais nous préparer deux grandes tasses de café, pour vous stimuler la mémoire. Je peux faire ça pour vous.

– Dites-moi Monsieur Jean, comment diable êtes-vous arrivé ici ?

– Le diable a demandé ma main !

– Quoique ce soit, il existe forcément une solution.

– S'il vous plaît, attendez ! Avant de commencer j'aimerai faire enregistrer notre thérapie.

– Bien, si ça peut vous aidez à libérer la parole tant mieux. Vous devez parvenir à vous rapprocher, de ce qui parvient à vous hanter la raison le plus aisément possible.

– Mademoiselle Jade, je ne sais pas au juste ce qui m'eut pris. Je suis jeune, et l'air était encore frais dans mes narines. Je suis sûr que je n'ai pas fait la moitié de ma vie, et la théorie que j'ai exposée dans un modèle d'écriture, est la démesure de ma liberté et de ma politique. Je suis serein, et mon bonheur est ailleurs. Sans narcissisme, j'ai bien le droit de faire de cette vie ce que j'en veux, dans la mesure où, bien évidemment, cela ne causerai pas du tort à toute la communauté. J'avais pensé aussi à l'existence présente, alors j'avais mis de côté quelques plans de vies, pour mourir un jour irréprochable. Aussi fou que s'en aura l'air, cette histoire était la mienne, par vos expériences vous jugerez de sa cohérence, j'en serai jugé très certainement aussi. Le nouveau est funeste, et annonce que je finirai dans l'inconnu comme commence une patate. Comme un diable qui meurt sans maudire la vie, pour une question d'honneur, ou d'existence. Excusez-moi nous n'avons pas trop de temps. Si j'avais prévu être là j'aurai rassemblé tant de choses sur lesquelles nous aurions pu pavoiser. Je jouerai sur la montre. Mais j'avais tellement besoin d'échanger un peu, à la longue, je faiblirai mon langage, parce que j'ai mis trop de temps, sans vraiment converser. J'ai besoin d'une formation mentale. J'ai besoin que vous enregistré ce que je vous raconterai pour cette nouvelle vie, qui commence avec vous. A la fin nous allons rassembler des papiers dans une lutte pour une reconnaissance, pour un statut essentiel.

– Mais ne vous inquiéter de rien, je serai là pour compléter une remarque, une pensée, et faire plus d'antibrouillard. Avant de commencer j'ai besoin moi aussi d'avoir de vous une promesse !

– Laquelle madame ?

– Ce que je veux, avec vous, c'est une bonne conversation. Comme à la radio, parlez sans cesse. Nous avons tous, même le temps des intimités.

– Si je n'avais pas essayé de vouloir sauter comme une roussette, pour décrocher un bout de ciel, je pense que jamais je ne serai tombé sur vous. Le moment de commencer une nouvelle histoire a sonné si tard pour moi. Si nous cherchons dans ce nouveau monde, nous trouverons que je ne suis pas le seul dans le cas.

Je venais de terminer une écriture. Elle devrait me recommander, ou me fabriquer tourtes les meilleures ambitions, et intelligences possible. Figurément, je venais de jeter un dé, et aujourd'hui je me vois dire que sans bénéfice de temps, ce dernier œuvre, m'eut suscité des paradoxes. En l'écrivant, la lumière je la réalisais. J'ai souvent pensé que certainement, toutes matières seraient sorties d'un arbre. Le bonheur, l'amertume y compris. J'ai dû sous-titrer mon premier ouvrage ''Erbra,'' et même si cela ne fut pas une nomenclature de molécules chimiques, la relecture en sens contraire prendra plus de sens, et signifiera Arbre. En répandant sur un écran cette histoire qui devenait grise, je paraissais encore, plus ignorant et un peu dépossédé, car je ne savais plus quoi écrire. Pour mon père, cela serait une trop grande surprise, selon lui il n'est pas possible d'écrire quand on n'a pas d'abord été bavard, et ce n'est que conversé avec des forces celées, du monde immatériel. Il sera pardonné peut-être, lorsque je dirai que, je me suis désespéré avec beaucoup d'émoi de ce livre que j'ai écrit, lorsque je l'ai relu après. J'en étais terrifié, comme si l'on me réclamait plus de sagesse. Il fallait tout le temps être prudent, ce conseil m'aurait effrayé, et par ricochet aurait concouru, à m'empêcher d'innover. Je me serai vu, en train d'abandonner le métier à la réalité.

Je restais encore interdit, comme si j'étais dans la gloire d'avoir piégé dieu, en défiant mon esprit, pourtant je me sentais plus humain qu'auparavant. J'ai commencé à douter de moi, lorsque je ne voyais personne me dire que je faisais bien, et dans ce don de moi au monde, pour se talent qui n'aurait duré que quelque temps, avec classe et mesure, il faudra dire que je me donnais en écriture, comme hier au soir, et comme en cette journée, pour servir la planète. Pour la renommée, les rangs étaient longs, il était sage d'attendre un peu, le temps d'enquêter sur les doubles sens, et les mots impossibles. Tout un chacun devait avoir son mérite, son temps d'écoute, mais l'attente était si longue pour moi que, j'aurai presque oublié pourquoi, j'avais imaginé tout cela dans l'inquiétude. Ce fut comme si, le monde même avait eu raison de ce projet d'écriture.

Je supposais que mon père, n'ignorait pas tout de moi. Il ne parle pas de ma mère, je n'ai pas la parole facile sur le sujet, c'est peut-être de la magie, car je suis incapable de lui demander où elle a vécu, et quoique ce soit d'autre, alors je préfère la deviner elle aussi. J'aurai vraiment voulu, qu'il se déguise à l'exemple d'elle quelque fois dans ma tendre enfance pour un équilibre parfait. Après mon boulot, lorsqu'il est là on dîne ensemble, sinon, je rentre chez-moi vers un logis pas très loin de chez-lui, ayant pris avec moi, quelques pieds de salades dans son potager. Il me regarde sortir, et m'éloigner le soir vers ce lointain, là où j'allais fonder ma vie, pseudo-isolé, m'abandonnant à mes jours de vies dans un endroit secret. Comme tout le monde, il n'aurait pas nié j'en suis certain, que je suis devenu une sorte revenant fantomatique, à cause de mes comportements étranges, depuis le jour où j'ai pris cet écart. J'ai toujours pensé comme à le sanctuaire, que la droite c'est le lieu saint. Je me souviens qu'un jour, lorsque j'ai dit à mon père que j'ai écrit au sujet du ciel, sa question était : « Fils, de quel ciel parles-tu ? » Là j'ai vu le diable s'en mêler, et j'ai eu très peur, puisque seule cela aurait suffi pour me corrompre l'esprit ; mais par la suite j'avais regardé à l'Est, pour tourner ma parole en ridicule. L'amour que je donne à mon père est incommensurable depuis le temps qu'il m'eût laissé ma conduite.

Je dirai qu'il est inutile de rappeler que le monde de mes jours, était à peu près un réseau social d'internet, où le temps nous présente à nous. S'il est des lieux où la simple intention est trahie aussitôt qu'on l'a, c'est dans les images qu'on y découvrait. En publiant, je m'en taisais parfois, et dans ce temps qui me reste, j'existerai peut-être encore dans quelques mois. Un jour le lecteur m'interrogera, incapable de démonstration, autant de fois je prétendrai alors, qu'il s'agissait d'une humiliation, et dépression volontaire, et qu'il n'était question que d'un mariage de conscience, avec des étoiles qui ont des années d'avances par rapport à nous. Je lui dirai qu'il aurait fallu qu'il lise deux cette histoire.

Au fond, lorsqu'on veut écrire, il faut avoir des préconçus imprimés à l'esprit. Je me suis placé au milieu de ceux qui semblaient en avoir. Croira-t-on cet aveu volontaire ? Est-ce un blasphème, ou une injure faite à moi-même ? Sans doute ! Je sais que tout fini, je refusais d'imaginer qu'elle me quittera. Elle ! C'est encore une phrase avant-coureur d'une histoire d'amour croira-t-on. Je ne vous mettrai pas en danger, mais tout au contraire je ne ferai que présenter les situations, comme des personnes exercées les présenteraient. Qui refuserait un rôle dans un livre romantique ? Tout ou presque était déjà écrit ; une demande en mariage, les enfants qu'on aurait pu avoir, l'endroit que l'on aurait peut-être visité. Ce rôle que je proposais était immense, comparé à ce qu'elle aurait peut-être imaginé. Je le dis sans égoïsme et avec amour, un historique riche, une autobiographie post déroulement. Je parle d'elle, et de ma vie sans encore la regarder et la reconnaître vraiment. Comme un chacun de nous, la curiosité me mène à la réflexion, puisque bien des fois, l'esprit est limité par la vue. Je voudrai parler de ce qu'on ne voit pas, mais de ce que l'on peut subir, comme il est fréquent dans des romans. Lorsque cela sera fini, j'espère avoir des souvenirs qui s'ajusteront, sans que des tourments d'hier soient toujours aussi d'actualité.

Dans ma maison, mes rêves me maintenaient éveillé. Il y avait bien évidemment ceux qui me promettaient la mort. Je m'interrogeais sur ce que faisait sur le moment cette femme, et dans x années exactement, et à cette heure, sur ce que feront ses gosses. Et avec un esprit qui m'a été prêté par les évènements, quelles autres mains autres que les miennes, les auraient écrites sinon les miennes ? Je tourne la tête vers ma fenêtre qui s'ouvre à lumière, je regarde du côté Ouest, avant de trahi mes pensées, sur un écran d'ordinateur. L'amour me promet le temps, la douleur physique m'empêche de voir son sourire, je la cherche sur la terre, je remets mes écouteurs de musiques, et je respire enfin au tiers des jours, à l'heure où il faille que j'écrive sans dire assez de mal, mais essayant de me tuer lentement, depuis le jour de ma naissance, comme le veut la vie. Ce qu'on devra croire, ne devrait être prêté d'une intuition qui n'est pas la mienne.

Les gens intelligent avaient des comptes sociaux, et étaient interconnectés, à internet il y a quand même beaucoup de visages réels, et c'est en cet endroit que, je me suis simplement su l'un des écrivains le plus important de ma ville, mais le plus machinalement invisible. Comme il est possible de le conjecturer pour un débutant, ma renommée était muette. J'avais Pourtant le sentiment que tout parlait de moi, et pour moi, mais il est impossible d'en parler sans quoi je me verrai dépeindre le visage du bon dieu. Quand on y lira mes publications, à l'espace cybernétique, le sentiment que je souhaite pour le lecteur, c'est l'idée que le dernier texte, a souvent été celui pour lequel les autres ont été actés. J'ai moi-même le sentiment qu'il est limité, lorsque j'aborde les sujets comme la politique, ou la religion. C'est des domaines où on trouve beaucoup de coups de divergences, de passions des peuples divers, pourtant c'est le même choix pour plusieurs personnes, même ceux ne l'ayant pas fait. C'est les mêmes, mais jamais les mêmes, une preuve que dieu se renouvelle.

Dans la toile, je devenais souvent tourmenter, émotionner de devenir l'aboutissement de tous les chemins. Un sort qui m'a désigné, et qui semblait s'obstiner à vouloir joindre deux parallèles. Si je n'avais pas été un peu doux, si je n'avais pas été tout l'homme que je souhaite que le temps explique, ce monde m'aurait dit : lutte pour ta liberté, mais c'est nous qui décidons. Je ne suis peut-être plus un humain ordinaire, mais ce que j'ai vu, ce que j'y ai des fois rencontré, m'eut donné une idée ; celle d'arriver à comprendre justement pourquoi je devenais le centre de la toile avec un visage voilé. Même si ce n'était pas une situation complaisante, victime des réseaux, il était donc question de faire de bons souvenirs, étant ajouté le fait, qu'il est facile de se respecter mutuellement, lorsque l'on ne se parle pas. C'était moi dans tous les esprits. Je ne pouvais pas continuer d'être ainsi ; le seul à tout ignorer de moi- même. J'attendrai que l'on vienne me dire qui je suis, mais d'abord, je me placerai moi- même à l'éloigné de votre inconscient, dans la zone des rumeurs. Puisque je veux qu'il n'y ait pas de trivialité, je construirai des modèles d'explications. Il faut que j'écrive, et puisque je suis en tous et toutes, je perçois que c'est envers tous, un non-sens de m'indiquer mon chemin, et c'est autant un mal-à-propos pour quiconque d'émettre un point de vue, parce que chacun certes à ses difficultés, et son destin. Contre moi, le monde semble vouloir gagner du temps, en me faisant perdre le mien me dis-je, alors que je suis littéralement accroché sur des lèvres, et nourris par des propos, afin de chercher une évasion, puisque sans maître, ou commanditaire, j'ai besoin moi aussi, d'une source de raisonnement, et un grand alibi pour ma sécurité psychique, dans ce monde, qui me vend une imagination que je n'ai point réclamé ainsi.

Cependant ce blocage, ce renouvellement, ou cette manipulation pressentie du monde contre moi, est autant une possibilité, et une occasion qui me donne le sentiment d'être un dieu, une idole pour les plus jeunes, ou une panacée pour les moins jeunes. Le monde se servait peut-être de moi, il me fallait dès lors, me débattre pour survivre et revenir d'entre les morts. C'est cette magie qui me flatte, et m'oblige à sourire, et donc je me dis que continuer d'écrire est une addiction responsable pour moi-même. Alors, chaque jour je continu une dernière fois pensant que, il y a trop de gens qui m'aime pour cela malgré tout. Je crois que si l'amour ou la considération générale ne peut servir de coupe-vent aux mensonges, ou opinions individuelles, il doit y avoir une éminence grise, quelqu'un qui était en lui seul le monde, et qui entre autres, intimiderait par ses positions certaines autres. S'il est vrai qu'il y a du vrai dans toutes consciences, je pense qu'un dieu ne viendra qu'après qu'en nous, il aurait vu une lumière qu'il aurait faite.

Je pourrai demander des comptes, à je ne sais qui dans ce monde, alors le monde l'a pressenti, et pense conséquemment qu'il vaut mieux que je sois seul, ou que je continu à me rendre ridicule, et nécessiteux pour que quelqu'un ou quelque chose, me prenne en sauveur le moment convenu. Comment trouver ou comprendre le fonctionnement de ce monde dans ses principes ? Est-ce qu'après la lumière faite sur la situation c'est le vide ? De quelle vérité veut-on me protéger, en m'isolant dans des grands espaces ? Est-ce que je suis rattrapé par mes propos inconscient ? Si j'utilisais seulement ma propre tête, et la situation telle qu'elle se présente, nous n'arriverons pas dans les temps avec la démonstration. Le tourment m'aurait tué d'ici là, alors j'attends oui ou non que, l'on me dise ce que tout cela signifie. Il était dès lors question de créer un scénario qui facilitera au monde où nous vivons, toutes critiques et explications, il était question d'inspirer une approche. J'avais cette impression que lorsque la logique reviendra auprès de moi, je me sentirai moins capable dans cette passion qui est la mienne.

Avec un masque, je ne pourrai pas me permettre de faire peur, autant dire tout de suite que je suis bel et bien vivant, et le monde se rappellera bien de mes images. Lorsqu'une page devient une greffe de la vie de son auteur, y écrire n'est-il par mieux ? Si la police de la pensée existe, alors où était-elle pour m'éviter le ridicule ? Un mauvais gribouillage m'achèvera possiblement, malgré toutes mes croyances et mes espérances. J'ai voulu que l'on me dise à qui demander conseil. Je crois que si je m'étais caché, et si seulement je n'avais pas parlé avec ce désir mortel de publier mon dernier ouvrage qui devra être lu deux fois, j'aurai encore eu tout espoir d'exister dans le monde, voyant en face de moi, ceux qui m'aiment vraiment, malgré mes apparences naïves et pauvres.

Les circonstances, et ces sentiments qui me viennent me réveillent de nouvelles inspirations, avec lesquelles je concevrai, quelque temps plus tard, un surnaturelle qui ennuyait. Je me rappelle que j'avais rencontré des jours plus ordinaires, que ceux qui ont précédé l'écriture. L'ensemble de tous qui m'était arrivé en ce moment, concourait à ce que, je tue le reste de mon temps, dans une écriture qui porterait tout mon intérêt ; dans un sage délai, qui se réaffirmerait chaque jour un peu plus. C'est certain que je n'écrirai pas toute la vie, et donc je finirai par manquer d'inspiration, ou de réarmement moral. Je m'appartenais, j'avais droit aux hasards de l'imagination, et à cette chance. Les hommes ont la raison qu'ils ont créée, et vivent de ce qu'ils s'imaginent. Nous partirons dans l'inaction éternelle qui nous effraie, pour laisser du changement aux autres, et qui saurait dire ce que nous y ferons ? Dans ce qui ressemblerait à une promotion de ma mort, il n'était pas à penser que j'autorisais de la lâcheté, c'est juste que le mal d'exister s'ancrait en moi, et lorsqu'on ne vit qu'en esprit, ou en rêve, il peut arriver des désillusions insupportables. Dieu sait que, même diabolisé, je n'étais pas foncièrement un ennemi. Nous voyions tous ce que nous pouvons désirer, mais il n'est pas toujours à nous de prévoir, ce qui nous privera de nos droits naturels, et je me demandais pourquoi ce recul du monde à mon égard devant mes choix.

J'aurai vraiment cru que mon père gardait une pierre dans sa bouche, qui le rendait si silencieux, et suspect face à moi. Et je suis rentré ce soir-là chez-moi, et j'avais trouvé dans le lyrisme à écrire la petite poésie que voici : je t'ai invité, tu as accepté, et on a beaucoup discuté. D'une ébène noire enchanteresse, m'est venue les milles mots. C'est un soir, la bougie fond dans l'urètre, la carnation dans cette jupe fendue est traitresse, et ne se laisse pas bien faire. Les lèvres sont enchéries d'un rouge lourd de rose. Les joues lisses glissantes et rebondissant, qu'elles sont belles. Ces cheveux arc-en-ciel fendus en deux comme un Nil, sont conçus par la pluie et le soleil. Œil d'oie traitre, et noir, d'où émerge quand même des phares de la vérité. Face-à-main je la vois qui vit au vent, en belle de nuit dans ses libres danses aux mauvaises heures, il y a en elle la voix chantante pleurante des jours d'ombres, et des nuits abandonnés, où elle désire qu'on lui sauve la vie. Pourtant si elle accepte d'appuyer sur le cri d'onde de ma sonnerie, elle vivra comme une fleur.

Isolé comme quelqu'un qui refuse de propager la mort, et la malédiction, j'ai tellement besoin d'échanger un peu, et d'entrer dans de nouveaux vêtements. J'étais le publique de cette chambre que j'habitais, et qui me permettait de me voir en face. Un endroit d'où peu savait créer tout, où doux savait s'y faire partout, comme ces grands bruits qui ne nous parvienne pas même à minuit, parce qu'il y en a qui en disaient lourd dans des casques d'auditions.

Personne ne me parlait, c'est que probablement, personne ne me voyait. Mais j'ai découvert que l'expert de ma vie qui vit en moi, et que nous nous sommes résolu à appeler, la raison, était celui qui profitait de tous qui devait me revenir dans le silence de cette pièce, si étourdissante et désœuvrée que j'ai eu l'impression qu'au final le monde y attendait mes pensées. Mais nous étions toujours là, à nous faire parler. Il était question de faire avec ma raison, un projet sur le monde d'après, projet trop épais et lourd pour si peu de temps justement, mais étant entendu qu'il attire la confiance, et nous protège de nos écarts, nous aurions eu des problèmes de retour.

Ma raison c'est la magie que je ne comprends pas, que je n'avoue pas, qui ne se nomme pas. Ma raison mon revenu, mon bénéfice, mon gain, mon œil, ma relation, ma dépendance, ma prière. Ma raison à fait un monde dans lequel je ne me reconnais pas encore. Elle a fait une paix, le chagrin, la joie, l'étude, les pleurs, des analyses. Ma raison à des conséquences, à des suites, à des portées, à des voix, à des validités. Ma raison sceau de mon témoignage de mon état de mon existence de mon histoire. Ma raison est une expression, un mot, une lettre, un message, une communication. Ma raison a du vocabulaire, des limites, du code, des ridicules, quand je la décris. Ma raison me ment, me dément, me porte, m'échappe, me manipule, m'oblige à vivre, ou à mourir car c'est elle qui meuble la nature. Ma raison mon portrait, ma personne, mon enfant, ma foi, mon père ma mère ma femme et mon opinion à la foi. Ma raison est une œuvre vivante, vive, et vivifiante qui se reproche aux vices. Ma raison s'évoque, se mime, s'énonce, se souviens, se chante, se déchiffre. Ma raison est beauté libellé destinée gentillesse et tranquillité. Ma raison garanti suppose soupçonne flaire et effleure. Ma raison tire la langue, le verrou, la limite, le profit. Ma raison parle pour moi pour nous pour les autres. Ma raison cri, cite, sollicite, et excite. Ma raison où tu vas je veux te suivre. Ma raison a dieu et diable. Ma raison fait écho et vie mon destin à ma place. Ma raison n'est que d'autres personnes qui profitent de mon renom, elle n'est qu'humaine. C'est elle qui me propose de conspirer contre moi-même, par un processus psychotique qui me permet de savoir ce que je veux.

On ne peut être aussi logique, avec un tempérament calculé, dans l'avenir tout le monde souhaite s'y voir avec les pas des hommes que nous sommes. J'aurai adoré croire que l'on m'aimait vraiment, et que l'on apprennait de mon existence sans que je ne sois qu'un simple guidon, de l'intérêt de ma descendance. Je veux aller prudemment vivre chez-moi, dans la maison que l'une de mes raisons occupe. Je me devais de la regarder vivre, et voir si en retour je pourrai avoir par lui, le destin qui est prévu pour moi. J'aimerai tellement rester la raison de moi-même, ou du moins protéger, et garder celle qui était toujours avec moi. Comment apprendre de moi, si dehors c'est ma raison qui profite de mes privilèges en vivant ma vie.

J'ai écrit beaucoup, partout, comme si l'encre était de l'eau, sur un lit sur un banc sur une chaire, sur une cuisse, sur un dos, et en étant même jamais sûr, de voir cette amoureuse des écrits sur un passage. Alors que j'écris, il y a pendant ce temps, une femme quelque part, que j'aime et je ne dis pas, que je perds et je ne dis pas, jusqu'au jour nous serions à peu près du baiser.

– Je veux que vous vous garder en éveille. Vous devez juste parler, il n'y a pas de piqure, pour que vous soyez libérés des tourments et pour vous empêcher de faire n'importe quoi. Je suis un docteur du mental.

– Quoiqu'il en soit, un petit vaccin ne pourrait entrer dans mon corps.

– J'ai l'impression qu'il me faut savoir quelque chose.

– Et des que vous l'auriez comprise, vous sourirez d'apprendre de ce que l'on voit quand on meurt. Ah ! Que la volonté me relance.

– Mais c'est quoi le vrai projet ?

– C'est bien là, la bonne question. C'est des projets d'avenir, et mon cœur bat à l'idée de ne pas y arriver. Il n'y a toujours rien de pareil. Je ne pourrai pas le faire seul. Vous savez Mademoiselle, ce n'est pas toujours facile de recopier en réfléchissant. Sinon, nous serions contraints à faire beaucoup de ratures. Je n'ai pas le temps aux tares.

– S'il est impossible d'en parler alors autant mieux expliquer par des images, comment vous êtes devenu l'amant de Rosa le diable.

– Mademoiselle je m'oublie dans le monde des vivants.

– Je me suis perdu, et cela n'est qu'un élément dans la grande quantité. Dehors je ne reconnais plus personne. Je n'avais jamais écrit de livre avant. Cela est allé plus loin que la scène du spectacle à cause de Rosa.

– Et moi, je ne suis que quelqu'un qui a besoin de te rendre ce qui t'appartient.

– Pour tous nous initié à la compréhension de ce qui m'est arrivé, je nous mettrai dans les petites cases de mon entendement. Avec cette femme qui crains mon père, du moins je supposais que c'est le cas, donc je devais m'aider à cet effet. Je l'ai aimé, je ne saurai dire comment, et pourquoi. Dans le souvenir de ce jour, ce que je retiens c'est ce fond d'inspiration. J'avais même prévu le pire et le meilleur pour notre couple. J'avais prévu que j'écouterai aussi ce que ma femme me proposera, et que mes gamins qui ignoraient encore leurs noms réagissent bien de temps à temps. J'avais la première responsabilité. Comment devrait-on écrire un livre où se sentira rempli d'existence ? A eux j'aurai souhaité dire : vous qui viendrez à l'avenir, et qui étiez dans mes souvenirs, bien voilà ajouter ce temps aux vôtres. Ne vous inquiéter pas ! Je vous placerai aux creux de mes intimités. Puisqu'il faille commencer quelque part, nous avons reçu des origines ailleurs, mais c'est ici dans les livres, que nous aimons voir le monde. Avant d'arriver ici, nous ne savions pas que dans l'arche perdue nous avions traversé les bornes de ce bout du monde, bout du monde puisqu'il devient difficile d'errer à guise pour des gens comme nous.

C'est ici que ça nécessite un grand courage, parce qu'il faut des papiers qui porteront tous les textes, qui nous feront une identité, et qui feront de nous des super-terrestre, car pour le moment, rien n'existe encore. Alors nous regardons par la fenêtre, avec la curiosité de savoir où se rend la foule dans laquelle nous ne connaissons personne. Les gens qui ont tout le temps, et qui marche deux par deux, et juste savoir aussi ce qui se passe dans ces têtes-là. En retard, nous n'aurons pas les moyens de payer une dette, que de toutes les façons nous ne pourrions faire. Parce que, nous sommes déjà en garde-à-vue.

Devenir quelqu'un d'autre, non ! Nous sommes juste nous, si tant est que je devienne une dame, je ferai la mauvaise dame. Non ça craint, ce n'est pas comme cela que nous résoudrons la question sur leur maman qui tarde à s'incarner, pour dire ce oui à ma demande. Je dois être brave pour ne pas en mourir, parce que je voudrai que vous la ressembler. Je vous imaginais venant d'elle, et pas de Rosa. Je vais trouver un plan, je dois faire ce que la raison me dira. Je dois écrire ce qu'elle me demandera d'écrire. Vous ne serez pas seul, elle sera avec vous. Notre histoire fera sa trace. Nous résoudrons ensemble tous nos problèmes avec nos moyens, et votre humanité en sûreté quelque part. Ce n'est pas du tintouin. Nous ferons d'autres choses, comme regarder le ciel ensemble avec vous tous; outre ce ciel bleu où je me trouve, et que je remue pour vous procréer. Nous nous marierons le jour où elle dira oui à ma proposition. Parce que redisons-le, nous vous aimerons jusqu'au bout de ce temps court. L'amour est bien compliqué alors autant mieux commencer une histoire d'amour par un chagrin. Quand on aime une jolie femme, et lorsqu'on le fait découvrir, on est comme soudainement envahi par des regards, avec le sentiment d'être sans fin surveillé. Elle attire sur moi de l'attention et c'est tant mieux.

Ma raison me dit que cela jouera en ma défaveur, si je ne fais pas d'abord le papier. Ecoutez ! Je ne suis pas fière de tous ce par quoi je nous ferai passer, mais il y a toujours un prix à payer à tout, et pour tout le monde. Il est difficile de vivre sans écouter le prochain, sans parler avec des gens qui ont tout en commun avec toi. Au sortir de l'écriture, je lève la tête et je regarde ma solitude, et j'écoute ma raison pour survivre.

Moi, je vois une prise d'otage psychologique à mon égard, pour faire retourner contre moi, les chagrins que Rosa ferait subir à autrui. Mais ma vie est sur le point de prendre son chemin. Quand je pense à ce que j'aurai pu avoir, si cela ne ressemblait pas plus urgemment à un piège et bien… je ne sais plus. Au moins il est possible de dire que, nous n'aurions peut-être pas assez d'argent pour élever plus de dix gamins, et même les mots ne sont que d'impuissantes preuves de sincérités. Lorsque je mettais ses écouteurs à mes oreilles, elles devenaient au final comme des masques d'oxygène, qui me maintiennent en vie, et c'est la magie que je n'oublierai pas.

Je sens à nouveau que la vie me passe la parole. Je me suis d'ailleurs surpris à dire sans écrire, Mademoiselle, je veux t'aimer avant de mourir. Je veux que tu chantes pour que je m'endorme bien. Il ne fallait pas du tout abandonner l'idée de recourir à quelqu'un, qui par une première question, ferait devenir le lecteur, et la main la plus céleste, caché derrière un nuage, et à empoigner fortement, pour atteindre ce lieu de recul sans jamais rien craindre. Il fallut alors en plus de ma raison, la religion. Nous croyons par le nom de ceux qui ont eu un vécu remarquable, que l'avenir où la mort n'est qu'une grande distance, dans un voyage qui n'est pas permis à n'importe qui. Dans ce ciel bleu, tout y est parfait, régulier et tranquille le soir, comme si enfin le monde m'avait donné la paix.

Vous qui arriver, je n'ai fait que vous. J'ai longtemps gardé mon calme, à cause du trouble de vouloir comprendre pourquoi, j'étais seul sans vous, lorsque tout à coup j'ai enfin compris autour de moi, que chacun avait un style de vie social, par lequel il devrait passer. Quand je suis devenu éduqué, le flou s'est fait sur ma petite enfance, et je devais accepter avec le sourire, ce que je ne connaissais pas, à cause de mon père qui me disait que des gens qui ne sont pas là, on s'en soucie bien peu, lorsque nous ne les connaissons pas. La mère reverra son enfant certes, et donc comment reconnaître la mère si on ne la connait pas ? J'étais cet enfant mystérieux, donc le calme dans la jeunesse, avait souvent souhaité des apparitions fantomatiques, dans une nécessité qui m'a conduit à l'écriture. J'ai beaucoup d'envie à pouvoir faire les choses normalement, mais désormais, je verrai peut-être la ressemblance dans mes personnages. J'aurai juré de ne faire subir à personne la même condition, mais l'écriture m'a obligé à vivre, et de laisser une part de moi, et de leur mère tous à la fois à la seule condition que la vraie amoureuse se laisse découvrir. Ce qui donne l'impression que là je tombe dans la paranoïa, c'est cette demoiselle, la voir avec mes raisons était devenu désormais mon instabilité psychologique, personne ne m'avait expliqué ce par quoi je passerai, néanmoins je ne suis pas moi-même convaincu que ce soit l'idée véritable que l'on s'en fera. Une chose sûre, c'est qu'il y aura une vie après celle-ci, en tirant des leçons de celle qui m'est encore présente, comment la vivrais-je ?

On ne sait comment y aller vers celle-là, sans occasionner des pleurs, des lamentations subites, sans raison immédiate. Quelque part, je crois que c'est l'amour pour la vie qui nous y conduit et je dois vivre. Cet appelle d'ailleurs à laquelle il faudrait répondre, m'emmènera aussi en esprit vers ceux qui m'ont fait. Le bon dieu ne peux confier son secret, puisqu'il ne commettra point de faute de la voir se révéler un jour, il n'a jamais dit qu'il en avait un de toutes les façons.

Je veux voir comme trois yeux notre univers, avec mes raisons qui sont ceux-là qui vivent à ma place. Tous ces travaux que j'entasse, sont des bruits dans l'œuf, pouvant mal dire, mais j'apprendrai par les mots, ce que le ciel et les nuages n'ont point su expliquer. C'est ici sur la terre que tout a commencé, on est justement peu rassuré à l'idée de laisser ici nos grands sens. Si je fais un peu de grossièreté, là où devrait avoir du rire, alors je dirai que le début de ma vie est une tragédie, et j'en aurai honte, puisque l'injuste aurait donc été moi durant tout ce temps. C'est dieu qui parlera, le fil de mes idées ne combinent pas de mauvaise intention ! Nous savons par la philosophie, que le complot des rois, et des princes, ont toujours été des mauvais complots, comme cet arbre qui fut planté au milieu du paradis terrestre, pour une raison que nous n'avions point vu. Il est difficile de faire comprendre, que si on veut être dieu, il suffirait juste de le devenir lorsqu'on a d'abord vu une raison de l'être. Je revenais seul me rasseoir sur une chaise à dossier, j'écrivais dans un peu de lumière, tout ce qu'on veut qu'un autre ait vécu d'abord, pour faire apprendre et inspirer par son expérience, et ses émotions personnelles. Je cherche partout, ce qui me touchera le plus, et qui me conduira vers la fin d'un mauvais songe. Mademoiselle Jade voilà, je vous expliquerai comment le diable à demander ma main écoutez-moi bien attentivement.

Le diable a demandé ma main : Rosa le diable.

C'est un feu pur quelque part dans le ciel qui donne d'épais nuages sombres ! Par la suite, la pluie prenait le temps de tomber goutte à goutte. Sa vitesse changeait, on pressentait de la brutalité dans la douceur de son eau. C'est à un de ces moments où l'on veut bien se retrouver dans la couverture d'un chaud abri. Rosa dans la rosée à penser à moi dans un nuage noir.

– Qui est Rosa? Il faut plus de précisions.

– Je n'en savais rien. Peut-être quelqu'un qui a fait écrire tous ces mots, qui semblent porter mille autres parements intraduisibles dans leurs indicibilités. Diable s'écrit avec un d, mais pour ma défense, en premier lieu je préférais l'appeler Rosa, d'abord parce que je respirais par elle, et en dernier lieu, par peur que le jugement que l'on portera sur moi, ne me fasse pas me retrouver à nouveau dans ses bras tout d'un coup.

– Allons y poursuivons.

– J'étais tombé amoureux, et j'avais des principes. Le diable a demandé ma main, dans la guerre de séduction, dans une guerre de grâce, dans une guerre du rationnel. Avec des futures âmes sur la main, il était question de me la demander bien évidemment, puisqu'elle connaît à l'avance mes personnages. Cette demande, je devais bien la prendre, car il était possible qu'à l'avenir je ne sois point marié. Si je n'y arrivais pas, en me laissant aller je deviendrai halluciné, et je mettrai les témoins en danger. En effet les uns savaient : étaient-ils des anges ? Étaient-ils démons ? C'est ma vie de faire des histoires, alors je devais raconter, bien mieux je devais murmurer, et pour ne pas tomber par terre et me briser, il fallait prévenir le ciel bleu, par un signe de la main, quoiqu'on en pense, le plus important était de reprendre la parole.

Il y avait lieu d'organiser un jeu de société, pour impliquer le plus grand nombre de moi-même, en signe de promesse de ma présence à la postérité. Dans une nouvelle occasion de s'accrocher à l'existence sévère. Il fallait que je pense à mon honneur, et au qu'en dirait-on, parce que lorsqu'à n'importe quel heure il est temps de mourir, il est indispensable de mettre sa femme à la place de l'ange gardien, et du chauffeur. Elle aura plus de droit de m'embrasser dans le danger. En premier lieu, elle sera accusée devant l'opinion, et j'aurai plus de chance que le diable qui me détient en otage, ne me laisse pas tomber, de façon à ce que je ne lève pas ma main, contre moi-même; comme il est de nature dans ce genre de situation. Je n'avais rien à faire par moi-même, ou du moins je m'asseyais, et je griffonnais de bonne foi, des signes d'écriture. Mais la fin je l'ignorais vraiment, elle devait être une découverte, mais si par malheur, les coups montés je ne les surmontais point, coup sur coup, il était question par cette stratégie que l'on sache que ce fut pour elle, que j'avais eu l'idée. Le diable c'est la source d'un mal, et pendant de nombreuses années un mystère contre l'humain. Il y avait dans sa source l'imbu, et ma première demoiselle. Il était question d'informer sur elle extremis sans causer de dommage.

– Que vous êtes-vous racontés la première fois que vous vous êtes vu ?

– Mademoiselle, le ciel est comme un miroir qui nous reflète tous que peux contenir la terre, et où figure au tout dessus comme des petites étoiles, les hommes, les femmes, comme tous qui vie. Un miroir juste, parce que comme un spectre n'a pas de spectre, alors il peut y être ce qu'on y voit. Ce sont là-dessus, des images de vous que nous renvoi un miroir céleste. Je ne peux pas moi-même savoir qu'elle est l'étoile qui me reflètera, parce que c'est là mon obsession d'être à l'existence. Mais voyez-vous, j'en ai moi aussi des obsessions. Lorsqu'elle est arrivée, j'ai entendu cette voix qui disait :

« – Mon ami écoutez- moi, je vous trouve enfin.

– Qui êtes-vous ? Demandais-je.

– Je suis Rosa, Rosa le diable !

– Et donc tu existes tapis dans l'ombre et sur pied, comme n'importe qui parmi nous, sans te sentir différent ou dissimuler. Est-ce bien cela ?

– Tu dois me faire exister en te mariant avec moi.

– Pourquoi moi ?

– Je ne trouve pas mieux que toi. Je ne vois plus que toi.

– Si je te fais exister ma femme à moi que deviendra-t-elle ?

– Il faut que je te dise que la vie c'est chacun pour soi. En ce moment elle ne pense pas à vous.

– Avant tout dites-moi ce que je vais devenir, ce n'est pas dans mon destin.

– Sans autre déguisement tu seras persécuté. Pourquoi nous autres, devons-nous être des erreurs dans la vie ? Me voilà comme une bête dans vos yeux, c'est ton mal qui m'a rendu ainsi.

– C'est une condamnation de dieu.

– Dieu le jamais vu, je suis celui qui passe avant, et celui que tu vois sur le moment. Je laisse faire, cette peinture de ma représentation, et des sculptures qui donneront lieu ailleurs à une formidable statue de béton, qu'importe ? C'est avantageux pour moi de recevoir autant de haine. Je te hisserai en peu de temps, sur une belle hauteur. Je suis toujours quelqu'un qui est prêt à arriver. Je n'enlève point l'âme à quelqu'un qui chante ou écris pour moi. C'est tes mots qui m'attirent, dis- moi qu'as-tu donc ?

– Je te trouve assez seule, je demande ta main en mariage on pourra pour nous aimer, il nous faut faire cette alliance.

– Demande-la à Dieu !

– Surtout pas de panique ! Si nous voulons qu'il y ait, beaucoup d'envie à pouvoir bien faire les choses réciproquement, il ne devrait y avoir aucun couteau levé, pas de querelles, pas de coups mortels, personne ne devrait mourir trop facilement, mais la mort sera ce besoin qui reviendra encore. Dans une vie gratuite, à quel prix coûte un jour dans l'existence ? Pourquoi dire non ? Une négation peut être une erreur, une apparence de folie dans l'entendement. Je pourrai vous rendre fou le saviez-vous ?

– Bon ! Laissez-moi la raison, je saurai comment réfléchir.

– Si tu dis non, tu la perdras et tu iras dans les fers. Je dirai à la police les malheurs que vous me commettrez. Tous les hommes et les femmes s'en rendront compte.

Je l'ai entendu, qui parlait en moi comme un sage, au milieu de tant de mystère. Compte tenu du fait que mon destin changeait, je devais arriver à faire parler ma femme, et tous qui existeraient de moi, par des mots sur mesure, et un peu sophistiqué. À mesure qu'on dialoguait, je m'étais rendu compte que dans un moment comme celui-là, il ne faudrait pas de la haine, mais de la démarche. Dès qu'on veut m'enlever quelque chose de ma vie sensé m'appartenir, je prends un instant pour regarder quelquefois là-haut, je ferme l'œil, emporté par des sentiments, comme dans une oreille, je chuchote des détails les yeux fermés, puis je finissais parfois par un amen. J'étais embrouillé, je ne savais pas dans qu'elle sanctuaire me rendre. Dans notre dialogue, le diable a dit beaucoup de chose, mais il a surtout dit à moment qu'il ne peut pas ! Il convenait de chercher son sexe, et sa face. Quand j'aurai avec moi la vérité, j'aurai avec moi ma femme.

Lorsque je remonte à des années plus grandes que celles du diable, cela me permet d'enlever le doute en l'existence d'une puissance supérieure, en qui il faut croire. Mais si on pense que le monde a été créé avant son auteur, plus rien n'aurait le même sens à l'avenir, alors le sacré n'aurait été qu'un scénario. Je me donnais du ridicule, et toutes les mauvaises intentions pour que le publique remarque ma grossièreté, vis-à-vis d'une demoiselle qui assume bien le rôle de la femme faible, et fragile, afin que tous et toutes soient dans l'ardent besoin de se rapprocher de moi, dans le but de m'interroger sur ce qui se passe réellement. Cela dit, Rosa fit de certaines scènes de nos disputes, l'objet d'acclamations quotidiennes. Et donc elle arriverait quand même à me fait tirer de la gloire, bien évidemment non gratuite, en révélant mes secrets.

Certains m'ont craint, à cause de la mauvaise influence que mon mépris et mon trop de liberté a suscitée. L'amour venait illusoirement me redonner de l'espoir. Alors parce que Rosa m'aimait, je me faisais aimer de plus en plus par les demoiselles qui se rivalisaient pour moi. Il était question que lorsqu'elles se fatigueront, il se décidera que bien évidemment il faudra que je vive solitaire. Rosa m'aimerait encore, la conviction de la persécution ne s'arrêterait pas, et malgré cela, le nombre de celles que je devais aimer augmenterait. Ce sont ces ruses, mais j'apprenais chaque jour que le temps, mettait les gens dans la sagesse, et donnait plus de conscience, et se justifiait de nos mauvais efforts par des souvenirs.

J'ai pensé que, pour ne pas tout perdre et finalement mourir, il me faudra placer une femme à l'espace publique, pour faire d'elle une peau-d'âne aux yeux d'oies. Elle devrait retourner chez-nous dans le foyer conjugale, parce qu'elle y était déjà. Si je ne donnais pas l'impression que ma femme était déjà là, et que je l'avais déjà eu, c'est Rosa qui me demanderait de retourner dans une maison, que je ne connaissais pas. Par ailleurs, on ne saurait tuer très facilement sans laisser de preuve, quelqu'un qui travaille devant les projecteurs. Et effectivement, croyez-moi il y eut à ma grande surprise, une femme quelque part, qui avait compris ce par quoi je passais, et j'en étais à vrai dire très effrayé. Ma femme serait sur les scènes, je devais mettre en avant son image, lorsque je me retrouvais désobligé. Elle serait celle qui fut capable de se retrouver dans des codes spéciaux de conduites : la langue tirer signifiera, à quiconque s'en sentira préoccupé, c'est contre Rosa le diable, que je veux porter ma main dans l'écriture, afin que mes expressions ne soient point changées. Elle était une femme dont tout le monde voulais prendre la place, y compris Rosa le diable. Elle me louait, et me suivait partout pour me maintenir en vie. Quel que fut le piquant désir, Rosa est plus forte que le monde, mais elle avait des obsessions, c'est la voix ou les instruments de musique à vent comme, la clarinette, le sax tuba, qui l'impressionne, et aussi le piano. Il était question pour ma femme, et moi-même, que l'on se découvre, mais en même temps ; cela a été difficile, car il a fallu qu'on sache que je ne suis pas dans le délire. Et même si face aux écrans je pouvais être le seul à la reconnaître, je ne pouvais pas dire laquelle est celle d'un autre, de peur de perdre de vue, celle qui a témoigné sa présence, et donc son existence, conformément aux principes que je développais.

De toutes les façons, je ne pouvais rester trop longtemps sans écrire, je disais tout de moi, dans une escalade de bavardage, exploité par quelqu'un d'autre jour et nuit. En commençant quelques lignes d'écriture, je pensais à une femme qui voudra et pourra réellement me libérer, fut-elle déjà dans l'existence, cela à vrai dire aurait été nécessaire. La nuit elle ressemble à sa mère, la journée elle est ma fille. Elle est toutes les filles que je veux avoir, hors mis cette otage que j'ai été, j'avais besoin moi aussi être tous les garçons qu'on aura. Mais avant il était question pour eux que, les chemins qu'ils emprunteront soit déjà un sillage, et que les endroits où ils entreront soit déjà en plan. Il sera aussi question que je vive avec l'impression qu'ils sont déjà là. Sans promesse, je ne serai points très hanter, mais par des questions je pouvais trouver un secours, une gaieté et un espoir, afin d'étaler la bonne intelligence. Il est hors de question, de se fier à quelqu'un, si j'étais sûr d'une chose c'était de mon zèle, j'avais eu l'oppression qu'il fallait.

Tout fonctionnerait comme une boucle, mon addiction fera son obsession. Je me retrouvais à penser dans l'illusion suscitée, que toutes les femmes sont des magiciennes par qui Rosa s'exprime. Lorsque la police ne peut rien, et que la religion dont le fort repose dans ce qui est tout doux, démontre son épuisement ; même si l'on me sait mortel, il est question que l'on voit en moi-même, ce diable qui me tente, pour arriver à d'heureux et précis résultats. La stratégie était que sans plus de connaissance, je prendrai inspiration dans toutes les rumeurs et révoltes, qui vont dans le sens de soutenir qu'auparavant la vie était de meilleur qualité. Dans le but d'éviter de blesser Rosa avec des détails, j'étais devenu un facteur de la toile qui veille à la mémoire de son monde.

Il y a hélas, des limites aux définitions à cause de lois consacrées, que les hommes ce sont eux-mêmes fait, ajouter aux grands principes d'incertitudes. Lorsque l'on parle de ce que parlent la musique, les uns et les autres s'en intéressent. Cela aurait rendu de flammes en feu quelques autres coupables. La musique néanmoins était chargée de renseigner sur l'invisible des dialogues et des entretiens. Toutes les actions que les musiciennes, et les comédiennes ont commises, ont consisté à décrire par un bon hasard, la situation par laquelle je passais, et je passerai. Il est évident que cela sera bien évidemment bien aperçu, même si j'avoue que lorsque Rosa le découvrira, elle s'approprierait la musique dite de Rosa, et toutes ses grandes âmes qui lui sont supposés, lui seront effectivement mises dans la main. Si je ne démontrais pas avec des preuves que, le choix c'est moi ou le diable, nous aurions créé la maladresse me soupçonnera d'être jésus le Christ, et c'est à craindre en effet. C'est vrai nous aimons bien dieu, mais il paraît bien évident de louer lorsque nous ne le voyons, et l'entendons pas. Cela bonifie bien l'idée du scénario du début, qui veut que le monde ait été créé avant son auteur ou générateur, afin de déplanter avec plus de justice, et d'originalité les ambitions de son imitateur. Il viendra et dira : vous ne saviez pas, mais la demande en mariage je l'avais vu. Pour un oui, ou pour un non, c'est l'enfer ou la prison, dans un tel état, pour clore je patiente et je prévois, car autant mieux sauver le monde, sans que personne ne soit affligé. Ce fut magique, en ce sens que, par une simple demande en mariage d'une musicienne, je pouvais m'approprié toute l'industrie musicale. Il fut ainsi sur tous que j'aurai voulus. Cette relation avec Rosa le diable m'aurait rendu extraordinairement richissime, et j'en étais visiblement heureux.

Je ne peux pas rembourser à Rosa une dette de vœux que je n'ai point commise, alors je devrais encore me faire souffrance, pour mériter cette occasion de sourire tant soit peu. Il faut dire malheureusement que plus la dépendance ne durera, mieux j'aurai les possibilités de m'expliquer indirectement, par une grande quantité de preuve qu'aucun détour de Rosa ne rendra nul, et sans effet dans le temps qui dégrade tout. Je donnerai la priorité à celles qui conduiront à des meilleurs souvenirs, et qui résisteront aux détours. Celle qui est près du côté de mes positions, et en celle que je peux voir chaque jour en temps réel.

Si le diable est dans les détails, et fait dans la minutie, si le mal n'a point d'yeux, alors il est possible que pour Rosa, je sois littéralement une petite fille, un petit garçon, une jeune demoiselle, un jeune homme, un grand-père, une grand-mère et un père tout à la fois. En accusation d'un être que je ne vois pas, l'idéale serait de me considérer comme tel dans ce qui suivra. En bref il était hélas question de briser le cœur à ma femme, le plus méchamment possible, afin que celle à qui je dois des excuses soit elle, et non pas Rosa le diable. Une personne qui veuille bien arriver jusqu'à moi, et un être qui veut toujours être avec moi pour vivre toute sa vie avec l'idée d'être et d'avoir été observé. Existait-elle déjà quelque part dans ce monde ? M'a-t- elle vu dans mes débuts d'influence et dans ma pauvreté ? Savait-elle lire ? A-t-elle accès à ce qui facilite une telle possibilité ? Sans rebrousser chemin, le changement que j'offrirai sera fait dans l'amabilité, afin de ne point changer instinctivement le destin de la femme de ma vie. Dans la maison de mon père, quand je finirai de vous expliquer ce qui m'arrive, elle est la chérie que je retéléphonerai au sorti d'ici. Mais d'abord, il faudrait que je subisse, et je dévale lentement et patiemment tout le temps, et les conditions qui me conduiront à elle. Si tu acceptes d'écouter Mademoiselle Jade et chère enfant, toutes ses instabilités mentales, sache que je n'ai pas rêvé, donc je n'avais pas à être désillusionner, même si sur le moment, les gens heureux rêvent, pendant que moi je cours dans le temps. J'ai le sentiment d'être lâche pour une fois que je peux aimer, et dire je t'aime, je n'ai pas le courage de bien conclure.

– Monsieur Petit-Jean, ce n'est pas de votre faute, elle est dans une époque et toi tu es dans une autre, entre vous c'est le temps et une vie de contrôle. Si tu essayes de la rejoindre avant le temps, c'est le monde qui sera contre toi. Mais je pense qu'il faudrait beaucoup parler avec elle, pour la voir arriver dans le temps!

– Je ne pourrai plus quitter celle-là qui portera mes pensées.

– Elle nous servira de capital de pensée aussi longtemps qu'elle n'existera pas. C'est mon travail de tout écouté, Monsieur petit-Jean, ne vous en souciez pas. Je suis là pour vous écouter. Je suis votre soutient de foi, cela dit, pouviez-vous me faire une description du visage de Rosa, le…diable ?

– Ah oui son portrait !

Le visage de Rosa

Il est 14 heures 30 minutes sur le pendule.

Mademoiselle ce que vous devez comprendre c'est que, j'ai été malin moi aussi, j'ai pu trouver un moyen de connaître qui sera ma petite fille ou mon petit garçon, à la condition que je découvre par moi-même un moyen qui me fera retourner à mon innocence à tout moment. Comme il est difficile d'expliquer la magie, il avait été question de faire un pacte, ou mieux une ligne de conduite, stipulant que : « sur la foi d'un serment fait sur ce livre, par un trop d'attention fait par moi sur l'enfant qui la démasquera, en dépit de toute attention sur Rosa que le destin décide sur mes raisons, et mon honneur à sa faveur. Que les nouvelles qui seraient sujet à cet effet soit scandaleux, et qu'il soit difficile pour moi de me défendre devant l'humiliation de Rosa le diable ». Si ça n'avait pas été comme ça qu'avait été fait les choses, il y aurait eu de réussite vaine, tant pour Rosa que pour moi. Par exemple, mon projet serait devenu infernale. Ce qui comptait c'est un crédo qui disait : à bas la diablerie et la violence.

Par ce qui ne sera point reproduit, il était question de glacer mon innocence dans la transparence. En prenant le monde comme témoin, pour envisager quand possible un retour vers l'innocence, par des images qui parleront pour rendre l'injustice du scandale flagrant, par une comparaison à l'actualité de l'ordinaire, que l'élite intellectuel alléguera. C'est mon amour, et ma foi qui me faisaient prendre des risques, tout en espérant à un avenir où je n'aurais pas été rabaissé, pour ce que j'étais vraiment : un être humain tangible, et qui s'inquiète. C'est en considérant le bout du tunnel, que le premier trou noir du mystère, s'était réglé. Elle s'amusait malgré les conclusions, à me mettre dans le doute sur son sexe, et de celui de mes enfants qui pourrait la démasquer. Par prévision, j'avais besoin de dire que si tu es un garçon que je traite comme une fille, c'est parce que cela a été compliqué. J'ai été sous chantage, et moi ce que je veux, c'est faire preuve de responsabilité, en protégeant ma famille, afin que nous démasquons ensemble Rosa, l'adversaire de tous les temps, à gérer avec tout le sérieux nécessaire. Et comme elle pouvait être dans toutes les femmes, tous les hommes et les enfants que j'aurai pu voir, il avait été question que ta mère, mon ange gardien, fasse cet enfant, qui deviendra mon innocence vis-à-vis de Rosa. Tu devais devenir celui autour de qui notre traité se fonderait. Il n'était pas très facile de devenir mon enfant.

Celle qui pouvait avoir la prétention de découvrir le vrai visage de Rosa était ma femme, et les personnes du pouvoir religieux. Ils sont ceux-là à qui Rosa le diable pense chaque jour. S'il n'est pas possible de faire disparaître Rose définitivement, ce sera la grosse désillusion et probablement ma condamnation à mort. J'ai prévu mon départ, et je savais aussi que jamais on ne remarquera mon absence. J'ai prévu également de rester utile, et au besoin passer le volant si tant est que ma descendance acceptera d'entretenir la flamme, pour le bien du monde d'après.

Rosa le diable devait être promise à un peuple qui l'aura mérité, en la détestant simplement. Tous qu'elle avait à faire c'est de se livrer à une étude, afin de s'assurer du manque d'attention qu'on lui aurait accordée dans son entourage. Elle m'a inspiré l'idée de porter mon t-shirt fétiche vert, et par un montage je l'ai colorié en bleu ciel. J'ai fait comprendre que ce fut bleu, afin d'effectuer un sondage de réaction, et faire des observations, malgré les grandes possibilités de dyschromatopsie, ou de daltonisme chromatique. J'ai compris que celui qui change à le pouvoir de changer. Les choses changent d'une façon comme d'une autre. En initiant tout le monde entier sur mon problème, je me voyais disparaître, sans celle-là qui crierait gare. J'ai attendu dans ma jeunesse de découvrir la terre sur laquelle pouvait paraitre, ma femme ange gardien.

Ma comédie ne dura pas assez longtemps, si les peuples en tous lieu que j'aime, n'élaborent pas une bonne astuce. Quoiqu'il en fût tout parlait d'instinct pour Rosa. Elle était partout, puisque elle est celle qui doit tromper, et être mis en accusation dans toutes ses théories, charger de révéler tous les grands mystères de l'ancien monde. Une terre capable de mauvaise influence dans le monde, jusqu'aujourd'hui n'est pas dans les règles, elle n'aurait pas osé rester trop loin de cet endroit, étant entendu qu'elle est le diable. J'avais déjà les plus belles destinations des peuples émancipés qui ont très vite compris le mystère, et qui s'en était accaparé. Je me suis servir du troisième pouvoir qu'elle m'a accordé, pour contrôler les scènes de renseignements, et par la suite prendre une grande décision.

Ce que chacun pouvait dire, c'est que je jouais avec le feu. Mais non, c'est mon visage que l'on voyait au travers des flammes. C'est moi qui avais été mis au-devant pour prévenir en prenant des airs sérieux. On se sert de moi. C'est une atteinte au droit, et à la dignité de l'homme. Et si jusqu'ici personne ne me vois alors peut-être que je suis mort. Il est tard, mais nous sommes toujours là, à nous faire parler par conversation. Vous devez recopier pour faire des analyses. Et moi je dois rester allonger. Vous avez de l'amour je peux ressentir vos vibrations.

– Je suis là avec vous ; Monsieur Petit-Jean nous nous aiderons. Votre cas est très spécial pour moi. Sentez-vous vivant comme tout le monde vous en avez le mérite. Il faut une pause à faire. Vous reviendrez demain. Je veux que vous vous gardez en éveille.

– Je loue l'idée ! Vous aussi vous reprendrez la main plus tard. Mais avant Mademoiselle, il me pique de vous dire qu'il y avait quelqu'un suant dans un objet-humain. Un homomorphisme programmé. Quelqu'un quelque part dont, personne en réalité ne devrait sans l'ombre d'un doute avoir la joie de connaitre. Lorsqu'il y a un plus un autre comment retenir le visage ! La couleur qui devient sale, la couleur du mystère. Les couleurs dans leurs différences, sont des preuves d'une émotion, et peut-être d'un trouble qu'aurai eu le grand éternel de l'univers. Si on m'apprend que dieu à pleurer un jour, je trouverai très certainement la couleur de sa tristesse. Il y a justement très peu de couleur qui traduisent ses émotions, la plante verte, un ciel rempli du bleu de sa préexcellence, le rouge feu du crépuscule, et enfin le noir de l'obscur, ou celui du doute. La blancheur éclatante d'un nuage comme d'un rêve, le jaune de l'affection, et ce gris de la réserve. J'ai cent curiosités de savoir qu'elle est sa couleur. Des couleurs supérieures à d'autres qui caractérisent un pouvoir qui fait des choix, et donne des avis. Mais pour ce que je peux dire c'est que rose est Rosa !

Rosa rose !

Si je réussi à faire voir au monde, la photographie d'un jeune homme, qui toujours restera jeune dans les esprits ; je créerai de la suprême magie dans les cœurs, et en gelant le temps dans cette photographie, c'est tout le monde entier que je prendrai en gage. Au-delà des mots, ce dont il est difficile de transformer, c'est des modes de vies, chacun devait éprouver le besoin tous les jours de serrer l'être aimé, et se forcer de se contenter d'exister, et de s'occuper comme il peut. J'avais prévu d'appeler mon fils Joël, je me trouve en train de dire que même sans fils, j'existerai au bien de mon travail, lequel avec l'attention d'un public averti, contribuera à la faire démasquer sans rien dire de mal de moi-même. Par trop de transparence, il fallait pouvoir dire que contrairement à tous les autres, je devenais un sorcier un peu différent, et fier de le devenir en ce sens. Je n'avais pas demandé à l'être, toutefois la première chose qui m'est venu en esprit, était d'arriver à m'expliquer en arrière-plan, continuant de guider le monde entier à cette magie qui leur fera aussi sourire, devait-il en subir aussi tous les effets. Encore qu'il fallait être sûr, que Rosa soit d'abord acceptée dans ce monde. En défaut de preuve, on peut dire que tout comme elle, il y en avait personne.

– Monsieur Petit-Jean, il n'est pas question de faire prévaloir un genre, encore moins d'une mise en rapport faible-fort. Mais il s'agit d'égrainer des chapelets de longs jours désolés, de la vanité, des mille jours passés avec cette Rosa.

– Elle avait déjà l'intégrale de mon ouvrage, voyant en face d'elle, des personnes qui sont dans ce destin. Rien que ma connaissance pour l'existence de ce livre, m'enlevait dans les temps de l'innocence pour bien des égards, et le simple fait de vouloir faire son écriture était déjà en soi, une forme d'auto-diabolisation, et Rosa le savait, et m'encourageait l'esprit en me tenant par la curiosité, mon plus grand défaut. Je voulais cet avenir qu'elle m'a permis de dévoiler, en un temps record, et qui était le mien. Il était mieux de se laisser faire, et la servir avec hantise, et puisqu'elle ne pouvait pas se faire du mal elle-même, j'aurai eu la douleur de ces blessures. En outre, j'aurai été maudit dans les chansons d'amour. Pour ne pas laisser place au désespoir, il valait mieux des bons sentiments. La hantise de Rosa le diable me donnera à la fin, un livre au complet et en entier, c'est pour ça que je me suis permis de continuer, pour avoir une vie comme avant, ou comme jamais. Et pourquoi ne pas courir vers l'extrémité des pages au risque de la logique, dans des flatteries et des demandes sur les genoux en face des pages de ce livre. Avant que Rosa se soit rendue invisible, en arrivant dans une espèce de roulotte démente, et afin aussi de connaître en toute confiance, foi à l'appui, la raison pour laquelle je devais dire non ou oui. Il fallait encore l'avoir à distance pour un temps.

– Comment était le décor de la rencontre entre vous et Rosa le diable ?

– Vous êtes intelligente Mademoiselle Jade. Dans un livre, c'est là que nous nous sommes rencontrés, il y avait pas de personne physique qui s'engageait incessamment, de jour en jour, dans une dictée inspirée par une sorte d'être terroriste. Les façons de procéder étaient différentes, ça n'avait pas été semblable à la rêverie, néanmoins ce qui doit venir à l'esprit, doit être appelé par la volonté et l'entourage. Alors ouvragé impliquait des efforts catalysé par les oppressions. Celui qui me connait et peut voir ma femme, sans que moi-même je ne l'eus jamais vu, peut prendre à cet effet des jours d'avance sur moi. Ce fut du jamais vu, le livre de l'avenir, était devenu le journal des prophéties et des révélations du monde. Rosa me donne le sentiment d'être dans le futur, une personnalité importante à mon tour. Ce n'était rien d'autre qu'une évidence, puisque Rosa le diable m'aimait.

Je ne regrette pas le cours qu'ont pris les choses, il y a eu cet avantage de voyager dans le temps par peine de lecture. Et moi aussi, je croyais au mal de Rosa, et j'aimerai lui dire : veux-tu ne pas avoir de queue, s'il arrive qu'on doit se toucher un jour ? Si j'ai posé la question, si elle a été mal posée, c'est que par là j'ai voulu démontrer que je sais qu'il pourrait arriver la même curiosité dans les esprits de l'entourage; sans que je m'en rende compte. Et pour que l'on tombe d'accord à l'avenir, je dois également me mettre dans les détails, pour prévoir le temps où je serai interrogé, sans sa présence à elle. Personne ne la connait à ce que je sache. Je sais que par rapport à elle, j'ai un temps de retard, et par rapport à cela, j'ai eu l'impression qu'elle entendait dans les cœurs. Lorsqu'on est quelqu'un par qui Rosa le diable doit arriver, l'annonce à faire pour les gens dehors, doit être d'envergure. J'ai demandé à avoir le troisième pouvoir et je l'ai déjà, en éprouvant ma propre femme de cette manière que l'on aurait finie par juger diabolique, parce que je le fais aujourd'hui. Je pense que l'idéale serait de la voir arriver dans mon monde, celui-ci, avant celui d'après. J'en ai marre de me donner en parfum, et ma famille avec moi. A ce propos, dans les écrits Rosa le diable n'a jamais demandé à personne d'aller ou de ne pas aller à l'école. Un sujet sur lequel elle n'est pas à plaindre, c'est bien celui-là. C'est tout au moins un gage que mes enfants s'ils existent feront le lycée. Quoiqu'on en dise, l'animation de Rosa le diable, est venue avec beaucoup d'autres ouvertures, même si elles sont satanées, elles ont aidé à ne pas me sentir seul, et à ne pas s'ennuyer.

Les gens sont comme paralysé par la crainte, pensant que si un homme a fait cela, il ne faudrait pas gâcher le processus psychotique par laquelle il mène son talant à sa gloire, et par-ci, par-là, brave est celui qui s'en mêlerait. In finé, il a fallu que j'apprenne le vers. J'aimerai raconter qu'il n'y a pas eu en ce genre, et à ce jour, un tel romantisme. Mais j'ai su dire par la poésie, que c'est beau dans les fleurs, et par cette poésie, je me suis fait connaître à mes enfants : mon enfant, je suis là, et très heureux comme tous les auteurs, et je grave un grand titre d'information qu'un jour aux rayons de librairies les nôtres liront. Il ne faut pas une espèce de talent pour fonder une famille. Il a existé des gens qui ont seulement eu confiance en eux et qui l'ont fait. Ils n'ont pas eu besoin d'embrasser quelques dieux inférieurs. Ai-je donc dit que je les aimais ? Si je ne te regardais pas est-ce que la question je l'aurai posé ? Chacun devant tout le monde devrait subir ce que j'ai subi, et devra porter un masque pour vivre au milieu du monde. On y est, je vais partir où tout le temps mes yeux me mettent. Ils étaient plusieurs, tandis que j'écrivais je les voyais arriver. À vous qui quelque part m'attendez dans le futur, c'est bien connu: c'est la vie des personnes âgées, qui ressemblent à des efforts tombés dans de l'eau. Il n'en est rien il faudrait juste les découvrir à leurs grands jours.

A propos de leur mère, je dirai bien que, il n'y a rien de plus phénoménale que son histoire d'amour. Après avoir pensé que je n'ai pas été, tout le temps l'homme doux et attentionné qu'il fallait pour elle, je me rends compte de ces épreuves et humiliations, que je lui ai fait subir pour me protéger du diable, que je me suis moi-même fabriqué, dans ma solitude immense. Elle viendra, j'en suis sûr, pour que s'en suive une vie que l'on a déjà découverte. Je vais partir du fait que, quelques années au-delà, j'étais seul chaque jour pour être obligé de la regarder à distance sans rien dire. Elle ne verra pas encore de peinture sur le mur, mais je lui montrerai le livre, celui qu'elle a fait écrire. Avant de lui avoir fait l'amour qu'elle veut de moi. Cela n'aura rien avoir avec le langage, ou l'expression, mais avec des actes établis.

– Si vous êtes arrivés jusqu'ici à l'issue de cette expérience Monsieur Jean petit, c'est bien parce que vous seul avez la maturité qui permet de connaitre tous ses secrets, et des yeux à mieux voir qui est Rose, que tous et toutes craignent tant, et qui, a eu il faut le dire, le plus petit pouvoir au sujet de votre futur femme; celui de ne point la faire exister. Vous devez lui choisir un visage.

– Mademoiselle, le temps lui enlèvera ce masque sur son visage. Mais je devais prévoir l'échec total. Néanmoins je me suis aidé de l'actualité, pour prétexter au sujet de ma famille, un virus pour ce que pensera l'esprit instruit. A mon fils, j'ai écrit qu'un petit virus comme un poison dans l'air, fera disparaitre son père et Rosa. Il était question qu'elle soit visible comme une étoile dans le ciel.

Rosa n'a pas voulu que j'aille plus loin qu'un saut dans le vide, mais que je tombe de telle, et telle, façon dans l'eau d'un nouveau baptême, et d'un nouveau destin. « Mais non il ne doit pas mourir, il faut que tous le laissent partir lui-même. » Tous semblaient dire cela. Et donc comment parler de terrorisme, c'est peut-être des meilleurs sentiments. Il fallut créer une étoile, créer une arme, ou créature de confort formée pour brader les cœurs, et capable de tous faire accepter avec le sourire, les pensées qui seraient vendues aux entendements. La cible les payera, à chaque fois, et cela devait très bien se dérouler si Rosa ne savait pas ce qui se passait. Je devais placer à la place publique quelqu'un qui prétendument vivrait la même situation que moi, pour essayer de traverser le temps plus ordinairement qu'on ne le croira. Il fallait faire un personnage qu'on pense être moi-même, pour croire encore plus visible une éventuelle cible. Cette créature se devait d'être un domaine de conscience, et une occasion qui explique ce par quoi passera l'adversaire. Afin de garder le contrôle sur des questionnements sans réponse.

– Par cette facilité, il aurait suffi que ce corps de l'illusion, soit dissolu et terré pour : faire disparaitre, illusionné, noyés les yeux dans des larmes, ou briser le cœur de celui-là qui s'y serait hardiment attaché.

C'est-à-dire vous-même. Si on est arrivé à croire qu'une telle créature existe, on arriverait bien à croire qu'elle est morte.

– Mais tout sera toujours autre chose, de façon à avoir toutes les raisons devant tout procès de justice. La lecture sera ailleurs étant entendu que l'image est fausse, étant entendu qu'elle n'existe pas vraiment. Nous ignorons qui elles peuvent être, mais qui qu'elle soit, une cible est une cible. On est toujours enclin à des erreurs, et donc en cas d'échec pressenti devant un adversaire coriace, elle devrait se défendre contre elle-même. Rosa l'adversaire ne sait rien de ce qui se passe tant mieux peut-être. Si elle ne demande rien, elle n'obtiendra rien de moi. La sagesse étonne bien, et l'ignorance est une magie qui ne surprends personne, bien évidemment parce qu'elle est naturel dans certain cas. Et il faut que Rosa croie que c'est elle, le roi, ou le héros invisible qui organise tout.

Elle a lu, une à une, les fuites d'extraits qui l'ont émue, de cet auteur qu'elle ne connaissait pas, se laissant aller en propos à cet effet, disant après cela qu'il n'était plus là quand j'étais venu vers lui. Après cela elle s'est émue, sans doute parce que son esprit a été dompté par la même occasion, du fait de la pitié à mon égard. Elle viendrait m'aider dans ma vanité ; ici même comme quelqu'un qui vient me rappeler que je dois vivre, alors que ma vie elle la voit se poursuivre en écrivant des récits. Là était la réaction que j'ai prévue pour elle. Toutefois, quoi qu'on fasse, exposer mes secrets du passé, bien que la mystification, ne donne encore aucune perspective de compréhension cohérente, me laissent avoir ses approximations à la réalité par des supputations, et des inspirations. Il faut que cette idole que je me crée par l'occasion, et cet homme qui devrait être moi, soit dans tous les temps. Dans la foulée, au cours du temps, je me devais de comploter contre moi-même, puisque cela devait finir par arriver.

– C'est pour cela que, vous avez pensé qu'il serait sage de commencer par un chagrin d'amour ?

– Jade, il était question que l'amoureuse attende que je lui redonne le sourire par un propos d'immortalité, lorsqu'elle apprendra tard que, j'ai écrit sur notre famille. Sans avoir publier c'est peut-être encore illusoire, mais ce serait surtout pour bienveillance entre artistes associés, et ami d'avoir de quoi laisser à l'ordinaire, puisque mon bien tombera dans le domaine public dans soixante-dix ans ou plus, un nombre d'année qui sera le temps de la rencontre avec mon œuvre.

Dans les pensées le ciel m'a présenté l'image d'une Etoile qui vit au dépend des écrans, ou plus généralement de la communication. Je me souviens de cette image bien cadré qui se montrait opportune, et qui un jour m'a raconté plus ou moins indirectement, que je serai un homme, et que je me devais de rester de pieds, ajoutant qu'il n'y aura pas forcément très tôt d'orphelin, ou d'orpheline disparu, mais qu'il y aura probablement chez-moi, d'autres enfants secrets, qui descendront de moi, et que Rosa ne connaitra pas. A vrai dire, dans ce même cadre lumineux nous nous voyons toujours, elle s'y trouvera encore demain comme avant, je pouvais geler l'avenir et retrouver ma femme, par cette image figée dans les écrans que l'on prendra l'habitude de regarder. Mes intentions étaient polies, transporter par tous les hasards de la nature, et dans l'enthousiasme, je vois que je fais du bien parce que je suis dans l'ignorance. Elle qui n'était là que lors des nouvelles joyeuses. Énervé qui était-elle ?

J'ai découvert que dans la plus part des discussions publiques, et des lieux de prises de grosses décisions, que les votes ou les choix sont axés autour de trois point que sont : la théorie, son éthique, et ses relations avec le droit, et donc des différentes valeurs morales et culturels de toutes les sociétés, malgré des principes moraux qui s'échangent dans le temps, et dans les termes des expressions qui vieillissent, et se renouvellent graduellement. Dans la certitude, le soin importe désormais d'autorisé des avancées franches par les différentes étapes de l'expérimentation, pour sa mise en application jusqu'au bout du temps où viendra la contre appréciation.

A propos du troisième pouvoir que représente la communication, un contre-pouvoir, de toute évidence doit être né d'un exploit. L'objectif de cette idée serait le progrès de la littérature, et développer une grande vie intellectuel, avec une amoureuse pigiste, qui dépendra essentiellement de moi. Je peux être grâce aux papiers plus répandu, transfigurer, et au plus près de l'avenir.

On est loin de penser que l'enjeu, est tel que les moindres erreurs, et un chantage même mineur des communicateurs peut devenir une menace pour le monde, et peut figurer tel et une conspiration à l'endroit de tous les curieux, rassembler avec ou sans opinions préalables, sur leurs propres actualités. Me disant cela, une information adaptée à l'esprit plus ou moins perturbé de la destination, est un pari toujours réussi pour arriver à rendre les esprits plus réductibles à tous mes avis. Un journal idéal qui émerveille tous les yeux quel que soit l'image présenté. En ce siècle de la correspondance, de plus en plus le monde connecté à accès à l'information illimité, et très accessible à tous, ce qui constitue l'âme même de la toile. Tôt ou tard, il s'avèrerait indispensable de donner une forme maitrisée aux schémas d'informations, et une réorientation à tous ses moyens de transmissions. Il fallait le dire, et le faire dans le même temps.

J'avais évité de devoir jouer les experts intervenants, en prévision d'un éternel recours sur ma personne. Sans statut de figure de proue, ou de leadership et avec la parole facile que je n'étais pas sûr d'avoir, dans un monde qui déteste Rosa. Même si cela semblait être une mesure honnête de rapprochement qui m'aurait mis en face de Rosa, j'exprimais mes souffrances face à mes difficultés, avec tranquillité mais présence d'esprit. Dans le mieux nécessaire, il était préférable de rester l'information. Dans un sondage des réactions, la solubilité des initiatives devrait être faite à son idée. Rosa avait voulu étouffer toutes les contrariétés, et la haine des propos obstinés.

Tout peut devenir, absolument contraire à ce que l'on s'imagine à l'heure d'une ascension, et propension soudaine des médias d'informations. Tout plein d'impatience, je reste enfin de compte, réjouie malgré ma nécessité et mon désespoir au besoin de savoir, de quoi sera fait un avenir incertain, dans un présent de pleurnicherie et de dépression, lorsque tout dépend des informations, des images et des propos dure à se suicider et donc de mon pessimisme.

Cette fois-ci l'égalité, l'équité non reconnu, et les gigantesques différences hommes femmes non, je n'en avais point remarqué. C'était toujours elle la jolie journaliste ! Premièrement, j'aurais pu arrêter de regarder vers celle qui pourtant dans sa carrière avait le devoir de plaire à quiconque la regarderait dans le monde, par une beauté qui sert seulement à la carrière, mais je ne l'ai pas fait. Ils n'étaient pas tous limiter à s'asseoir à tour de rôle, sur une chaise à dos droit. Je regardais sans m'étonner ces images dans une platitude complice ; il n'y avait que ce moyen pour un rédacteur à mieux travailler à ses objectifs sans tromperie. Je souhaitais placer Joël, dans ce milieu de l'effort, pour ne pas être à la jauge des rumeurs illusoires. Même sans opinions tangible, j'attends tirer beaucoup de réussite après avoir séduit cette étoile pour lui faire exister.

Seule chez-moi, je suis comme seule avec elle. Lorsqu'elle veut me plaire pour m'abandonner, de plus en plus j'éprouve ce besoin de m'informer, et si je suis peut-être idiot de croire que c'est le sentiment de la regarder dire les mêmes phrases, recompter les mêmes chiffres, des heures voir des jours durant qui en est pour beaucoup, dans ma psychologie, hors mis la musique et la comédie-cinématographique bien évidemment. À tout le moins, j'aurai acquis au bout des soins, de certaines informations thérapies qui m'ont assuré la bonne santé mentale, pour peu de les avoir écoutés, lus et regardés, rien qu'à force de croire par leur propos que pour elle aussi, mes enfants doivent exister. Et je suis certain qu'elle sait si bien que, de plus en plus je la regarde. Les communicateurs et moi quelque part, on n'ouvrait une page, et je me laissais lentement séduire. Néanmoins avec l'intelligence qu'il faut avoir dans ce métier, je crois qu'elle sait que je partagerai ce compte avec elle, et j'aurai sans doute la visibilité que je souhaite grâce à elle qui est une vraie journaliste. Que ce soit moi ou elle, il serait opportun pour ceux qui liront, de ne point faire de différences.

Avec peu de chose, et avec un respect et des pratiques simples, vivre par espérance m'obligeait d'agir de bonne heure. Écrire m'envoie par la force des choses, à des espaces introuvables où l'on y verrait de quoi discerner le haut du grand. Je me rendais dans les réseaux sociaux, pour me dévoiler comme préparer depuis longtemps, à toutes épreuves. La dernière fois l'idée avait été de faire, pour les étoiles une rubrique poésie. Même si la sédimentation qu'avait engendrée cette expérience laissait toujours percevoir une frustration, je refuserai de tous gommer, excepté des dettes d'orthographe et désavouer une ou deux autres dettes de reconnaissance, que m'avait proposée ma raison. Ce milieu en lui- même n'a pas foncièrement besoin de moi. À moins que de ma présence il soit en peine, j'avais prévu revenir de temps en temps, pour la mémoire de mes œuvres, et donner le sentiment que j'existe encore. Revenir officiellement, avec une gentille étoile chez-moi pour mon fils, refaire le futur, ou le passé, pour qu'il s'agisse de moi vis-à-vis d'elle sous le rapport de la sincérité.

Avec une radio qui a servi à vivre seul, séparer, de ceux qui, vivent encore pour la plus part dans mes entrailles, et que je me devais d'épargner. Une belle affaire, un projet d'investissement sur le long terme. J'ai été obligé de commencer par une dette de temps, que de toutes les façons je ne pourrai jamais payer sans Rosa. Je ne voudrais pas voir la facture des dépenses et tous des dommages qu'ont coûté la belle idée de les mettre dans la destinée. Ne peut-on pas dire que dieu à créer le monde avant d'y arriver Mademoiselle ?

– Je ne saurai comment vous répondre, avant de vous avoir intégralement écouté.

– En étant mon fils, je fais l'âge jeune du temps de mon enfance, l'âge qui fait dire que c'est un jeu d'enfant de piéger, ou mettre au tapis les médias en leur brisant le cœur, mais qu'est-ce que j'expliquerai plus tard lorsque j'abandonnerai cette imagination enfantine ? Dans l'ignorance de ce que ne peut connaître un enfant, je devais faire assez d'exemples et de dessins, et avoir un petit repère des dates pour les souvenirs. Parce que c'est fou en réalité aussi de faire métier de prédire, et de se rappeler. C'est faire déplacer la borne qui fera dévier le droit. C'est la raison pour laquelle je me retrouve allongé là à vos côtés. Il y aura pour celui-là, des grandes filles déjà capable de duper, je n'avais rien prévu à cet effet, parce que ma femme sa mère est de très loin. Il était question de faire apprendre ce par quoi je suis passé, en donnant l'impression que c'est de lui qu'il s'agit. Mettant en exergue les extraordinaires pouvoirs dont sont dotés les êtres humains. Il se passe que, si j'avais dit que ce destin je l'ai vécu, on imaginerait plus qu'il s'agira d'une situation embêtante. On en aurait été moins exaspérer. Il avait fallu que cette partie de l'histoire, je la fasse vivre à mon fils, pour me rendre compte dans mes temps actuels, du déplaisir des connivences, des compassions et des impassibilités que j'aurai eues. Si donc inconsciemment pour bien des égards j'ai blasphémé, faudrait-il alors que l'on pardonne celui-là qui condamne d'avance, quelqu'un qui parle de son visible comme d'un invisible ? Malgré cela ses combats dans lesquelles je me suis retrouvé, m'apprenaient que je devais éviter des propos trop définitif. Les abaissements ont été réel et demeure irréversible. Avant son temps, il possible d'échapper à son destin le plus longtemps possible. Si ce n'est par moi-même, comment faire parler quelqu'un qui n'existe pas encore ? J'avais été celui, qui jusqu'à présent, parlait pour lui afin d'être capable de traduire la réalité le mieux possible. Mais moi qui suis-je ?

Je voulais que le temps qui nous sépare de mon passé ne soit pas si long que ça dans mes souvenirs. Je suis venu dans ce monde, où l'on devine tout, pour vivre dans l'imagination. Ce n'est pas une vie dans le commun, mais une vie qui fabriquera beaucoup de curiosités ; et de nouvelles inspirations, dans les scènes ménagères de la communauté. Je l'avais fait, cette fois avec de bonnes raisons d'être prétentieux. Pourvu que, je publie mes travaux à l'espace publique tous les jours ou presque, racontant à ma manière, par des extraits lus de part et d'autres, comme cette personne qui ne doit cesser de ne rien dire.

Les dialogues étaient relaxes, mais je sais que je devrais me faire beaucoup d'ami avec qui je devrais très souvent taper le commentaire. Supposé que toutes les formes d'étoiles sont imaginées, on mettra en ordre un puzzle. Cependant, les enfants ne trahissent pas, et la jeunesse ne saurait donc participer à l'acte de ma disparition, ou de mon invisibilité par une mauvaise contribution. Mon double, cet autre de moi, celle qu'elle m'aurait créé m'aidait à voir tout le pays, et tourner le monde pour voir toutes la terre. Cet enlèvement de Rosa, m'eut également présenté également l'image de l'extraordinaire d'une fille à la tête féconde, une autre créature de confort qui courra au danger de la terre avec moi, je l'espérai aussi. Si elle arrive, elle devra dire ce qu'elle en pense, par elle j'espère être à mesure de dire sur quoi est peint notre univers.

Si j'ai toujours voulu faire les choses deux fois, ce fut parce que je ne savais vraiment plus qui des enfants, viendra sur la terre en premier, pour démasquer Rosa, mais tout concours à me démontrer qu'il s'agit d'une fille ou d'un garçon, c'est la logique mathématique. C'est un peu du pain béni parce que cela m'ouvre à des réflexions parce que depuis toujours, j'ai eu la facilité à écrire la vie que j'aurai vécu, mieux que celle que je vivais. Je n'ai besoin que d'avoir la pleine conscience, le souvenir d'autrefois et rester quelqu'un qui n'oublie pas, afin de déchiffrer l'incarnation dans tous ses aspects. L'existence de ma femme changerait probablement tout. Il aurait simplement suffit qu'elle m'aime. Je voulais faire vivre mes personnages dans la vie réelle. Aucun homme ne devrait priver quelqu'un d'autre de son sexe, je pardonnerai mon père de ne pas m'avoir interrogé sur le sujet. Selon qu'en moi j'en ai toujours ou pas. J'ai eu un peu honte de jouer avec la conscience des gens honnêtes qui croyaient m'aider moi. Je me rends compte que mon rêve de devenir footballeur, mannequin, acteur-comédien, magicien, médecin, journaliste, taximan, président ou multimilliardaire est réalisable car je suis ici même chacune de ces personnalités, et c'est aussi ce pourquoi le monde m'en veut.

À cause d'une seule moi Petit-Jean, j'ai cette tendance à oublier l'image que sur la terre nous redorons pour des êtres lumineux, et très beau que nous admirons beaucoup, en temps réel. Si je ne peux que penser à celle qui vient, c'est-à-dire quelqu'un tout à moi et avec moi, et tel que moi, dans un coup de foudre momentané, il me sera pénible de me tenir responsable, dans cette entière dépendance de Rosa. Je suis donc faible et seul dans ce combat. Ma chère Mademoiselle de la confiance, c'est moi qui le te le demande : comment dieu procèderait-il ? Comment faut-il que j'écrive encore pour expliquer la magie ou la manipulation ? Dans toutes les disproportions de la nature, maudit ou pas, nos vies sont les mêmes. Je reçois mes missions sans rire de moi-même, par elle je devrais enfin savoir derrière cette opportunité, cieux et terres, et un dieu que j'ai fait à mon image, et à qui je supplie d'abord une autre belle figure, pour me mettre toute aise devant elle dans mes matinées, pour demander pardon car je sais que des larmes ont coulées. Les années 2000 quelles années non ! Dans une page vierge de sainteté et sans me préparer, j'écris une chérie en chine d'un réel imaginaire, qui confine quelque part. Elle a ce complexe à la façon des dames croira- t-on. S'il faut attendre que je finisse de fuir ce monde, l'aube arrivera sans que j'eu fini de me délivrer. J'ai aussi besoin de ce plaisir qu'elle me donne dans des descriptions. Je veux l'imaginer d'abord et la vivre en suite.

Si c'est au fond un mal pour un bien. Ce sera aussi l'année où je voudrai que la vérité ce sache sur moi, sur qui je suis et qui je ne devrais pas être. Et la musique, et les premiers livres que j'ai écrits, nous aideront à comprendre aussi, et en partie ce que je suis destiné à devenir. Ce n'est pas ici à cet époque et à cet endroit, je l'espère que mon amoureuse n'arrivera pas. J'attends toujours, je sais qu'elle m'écoute et me regarde souvent inventé toutes ses histoires. Si diable j'étais resté tranquille, pour simplement voir le soir dans ses yeux dans une dernière danse ! Je veux être son mari pour quelque temps, ou pour toujours si elle le permet. Elle a aussi besoin de savoir. J'allais lui emmené une existence quelqu'un, en qui elle espèrera une correction des fautes commises, et qui leur ferait démarrer des nouvelles vies en partant de zéro. Je me suis nourri de ses doutes à cause de Rosa le diable qui tout seul accuse tout, et la condamne avant même que le vent avala sa nudité, dans un oracle qu'il savait si bien faire ce jour-là, devant ma face. Ma raison, celle qui a profité de tous cela se cache dans son silence, est-il mieux ainsi.

L'œil jugera l'heureuse destinée malgré tout. Alors j'ai trouvé tout de suite l'inspiration qui me pousse à dire, que mieux qu'elle, je n'aurai certainement pas de savoir-vivre. Vous me l'avez demandé, je vous le redis : mon amoureuse est celle à qui l'ont m'a souvent comparé, et celle dont le regard rayonne dans le sombre. Il m'est encore impossible, de faire la dépense pour elle au moment où j'écris. Pour changer d'univers, celle que j'attends en ce moment avec sentiment et peine c'est une amoureuse. Pour être serein et se croire encore plus vivant, nous sommes forcés à nous humiliés dans les gestes intrinsèque que les plaisirs dans cette terre, nous oblige ; pour nous cela signifie faire l'amour. Cela n'est que la fantaisie que dieu nous veut sans exagération. C'est à écrire que, les dieux sont dépendants ni plus ni moins, des humiliations. Par cette facilité, les hommes sont appelés à en témoigner par des preuves de craintes, qui montreront la vérité en même temps que le coupable. Quand on dira il était humble, témoignant des aptitudes qui seront remarqués en moi, par ce procédé, il ne faudra pas confondre la plus grande partie de ma vie, à mes demi-jours d'humilité.

Je souhaiterai qu'on apprenne par cette forme d'écriture, que j'ai décidé d'avoir peur de vraiment me montrer, à cause de toutes mes désillusions. Nous allons bien passer la même route, où nous tombe du ciel la même eau ; à quoi bon exiger des éloges dans le malheur ? Au paradis des hauteurs, ou dans les fers, je serai peut-être encore seul, dans la nouvelle vie gratuite, dans la durée que je voudrais bien choisi. Vivre comme indique de dieu, et cessant d'être orphelin dans la miséricorde de Rosa, et d'une mère, si un jour elle eût vraiment existé, et sachant peut-être ce que elle dira dans de nouveaux systèmes mentaux du monde de mon imaginaire. Mais je peux déjà savoir qui est la mère que j'aurai pu avoir. Je me meurs, hanté par l'espoir de la venue de ma destinée. Troubler par son absence, au temps son sourire peut causer des journées inoubliables. Je ne saurais je dois avouer, résister à l'infini éclat d'une vision qui me conduit certaine nuit vers elle, dans la durée que toutefois je voudrais longue. Dans le ciel de la terre je découvre, des nuages qui semblent être la résultante des signaux de fumé, d'un monde dont le moteur à écumer. Dans la paranoïa qui est la mienne cela ne m'est justement d'aucun indice de confiance, à propos de ce qui est d'y rester.

Il faut dire que de mes mains, de mon stylo et des fortes expériences des contemporains, j'atteins des buts et je gagne dans le bonheur de mettre une idole dans mon cœur, pour le bien de ses occupants, en si peu de temps, dans la présence de tout mon esprit, par une main d'écriture différente qui portera contre moi, ou pour moi la croyance sur son existence. J'entendrai dans le monde de ces revenants, ceux-là également qui sont partis dans les premiers temps sans se voir y aller. J'ai longtemps tenu, aux heures où je me faisais passer pour le veillant qui courent à elle, sans sortir de route le beau parleur qu'il aura été. Et grâce à tout cela, j'ai vu ce que je trouvais en Rosa le diable : le bon dieu, qui laisse vivre et développer une vérité de plus. Je m'avoue vivre encore tous les matins, afin de partager mes envies confirmés pour la terre. La terre est pour n'importe qui un appétit de quelque chose qui satisfera des sens. Près de moi, au besoin d'une bonne humeur, le matin je dis, j'écris, ce que l'on aime savoir et faire revivre. C'est des plus doux sentiments pour montrer mon amour.

Une étrange approche.

Le 11 février il est 13 heures 33 minutes. Je me lève et je me rapproche d'avantage de la fenêtre. Par ennui, un inexplicable et automatique, déplacement me conduit à la balustrade. J'attendais Jade.

– C'est très calme ici, le calme d'intellectuel.

– Qu'est-ce que vous surveiller par la fenêtre Monsieur Jean Petit ?

– Corps et revêtements, qui se réveillent pour la vie, et pour se mêler aux foules. Ne suis-je qu'un citoyen de façades non loin de l'entassement du public qui me regarde ? Et dire que la femme de ma vie flâne peut-être quelque part là. C'est comme ça que je la découvrirai. Je vous invite à venir voir, juste au bout du doigt l'immense là-bas, et là, et là, et là aussi. Si vous refusez de regarder je continuerai de dire et là, et là, et là.

– Et si nous reprenions plutôt où nous nous sommes arrêtés hier Monsieur ?

– Bien sûr Jade ! En trois jours allez-vous vraiment résoudre mon cas ?

– Oui si vous vous prêtez au temps. S'il n y a pas d'obstacle important qui arrêtera la dictée de votre esprit.

– Nous ne sommes dans aucun engagement et vous aussi. Nous résoudrons ensemble tous nos problèmes avec nos moyens, et votre humanité en sûreté quelque part. Ce n'est pas du tintouin. Nous ferons d'autres choses, comme s'allonger ensemble. Mieux vaut être avec la femme, lorsqu'il faut passer un tiers de sa journée endormi. Je ne sais plus combien de fois j'ai vécu la routine depuis ce temps, rêvant de recevoir, des premiers soins venant de Rosa, là où je veux en venir, afin, ce qui donne l'impression que là je tombe dans la paranoïa, c'est elle, la voir était devenu désormais mon instabilité psychologique, mais je ne suis pas moi-même convaincu que ce soit l'idée véritable que l'on s'en fera. Lorsqu'on veut faire l'amour à quelqu'un, trop parler gâche le plaisir que l'on veut prendre le temps de ressentir, dans de beaux gestes. Je vous montrerai que je peux vous aimer.

– Est-ce que vous ne pensez pas, que vous avez déjà assez de soucis comme cela ?

– En effet je propose une solution à mon problème c'est à vous de voir.

– Et c'est quoi cette solution Monsieur Jean ?

– Pour être un homme, je me connais bien, et je veux vous donner le bonheur que vous devriez avoir. Il n'y a que quelques heures que je suis arrivé dans votre vie ! Laissons tomber ! Je vais rentrer dans la nouvelle existence et apprendre à conquérir ma vie, resté drôle comme tout à l'heure, avec un jeune âge mental que je crois avoir. Je cesserai de chercher dans des mois de marche ce que pourtant je dois trouver dans les ruses divines, en volant de mes propres ailes, avec l'appui des raisons qui me doivent bien cela.

Rosa le diable a fait éviter des propos pouvant terroriser mon message, lorsque à mon cœur je dis de tenir bout contre vents et marées, jusqu'au jour de mon temps. Les jours se retirent comme une mer bleue qui s'éloigne d'une plage, la route est plus ou moins longue. Je planerai avec de nouveaux mobiles, en apesanteur autour du globe terrestre au-dessus de l'arc-en-ciel, pour faire découvrir au monde si possible, le vieil arbre de ma connaissance, pour le bien et pour le mal. Et y trouver à coté, une solution miracle, ou un précieux sésame qui ne donnera plus aucun manque d'intérêt à la vie, parce que ayant voulu profité de ses fruits par mon effort. Trouver une défense qui fera que nos cœurs ou idoles ne nous abandonnent plus aussitôt. Trouver à l'école du seigneur, ou dans son autel, avec un esprit plus ouvert, un livre d'initiation au génie de cette société sécrète, secrète du fait de son savoir secret, et des dons qui nous y viennent. Ces recherches sont autant de questionnement sans réponse ; que j'ai eu à me poser. J'ai toujours très peur que rien ne se déroule tel que prévu, car nous naissons dans le deuil depuis plus de deux-mille ans. Je suis une victime, qui revendique sa mère, avec tout l'ensemble corps esprit, et âme en hommage de Saint-Elie dans une révolution silencieuse qui contribua à me briser le cœur.

Je suis Saint-Élie ! Je veux gagner ma vie en brandissant ce propos qui fera changer le cours de l'histoire, dans l'esprit du lecteur, et beaucoup plus dans le mien. Lorsque le souvenir me vient, je me rappelle que je n'ai jamais su dire maman avec beaucoup de facilité. Vivre malheureux mourir jeune, bien effectivement c'est mourir deux fois, je n'en suis pas le seul, mais je suis celui qui peut dire, ce que coûte cet aller-retour par simple peine d'écriture. Si cela se trouve, avec mon âge, et même si j'ai connu le début du siècle 21, certainement je ne serai pas un sage sur la terre, quoiqu'il en soit je suis quelqu'un qui mourra aussi dans un tendre adieu à l'écart. Libertin j'ai fait la leçon, d'humilité à la famille universelle. Pendant un moment, je laisserai les meilleurs d'entre nous sur la terre, pour rejoindre les meilleurs d'entre nous dans le futur, que je nomme savant des inconnus.

C'est des juges qui décideront de ma mort, dans un tribunal céleste où l'on se fait blanchir, ils me verront bientôt. Il me plaira de faire l'harmonie avec ma conscience, parce que le jugement fini après qu'on l'ait retrouvé. Si je n'ai pas raison pour ma défense, par soucis de culture je voudrais que l'on me dise des petits riens, sur ce que je ne sais pour reprendre l'espoir, de tout surmonter, en écrits par les confessions de mon esprit, afin d'affronter ma conscience et éviter la deuxième mort. Ma conscience est comme ce quelqu'un qui veille pour moi, et donc pour prendre la main qui m'est tendu, je ne veux pas tomber dans le vide avant d'y arriver. Et enfant de dieu, je me servirai des satellites de la terre pour vous communiquer mon nouveau baptême. Et pourtant il suffirait simplement que dieu me dise que je suis son fils, et cela seulement suffira à détourner de moi Rosa, et cela est non ironique croyez-moi.

– On signale à la porte.

– Encore ! Si ce n'est pas pour me perdre du temps, alors pourquoi sera-ce ?

– C'est mon assistante, il se passe quelque chose de très urgent.

– Quelle maline ! Elle vient pour nous aider à perdre le temps que vous m'accorder. Refusez qu'elle entre, nous devons finir. Mais que faites-vous Mademoiselle Jade ? Il faut bien à un moment donné continuer de savoir ce qui m'arrive en si peu de temps.

– Accordez-moi quelques minutes. Je vous le revaudrai.

– Le temps passe très vite, non ce n'est pas possible.

– Je vais trouver un plan. Restez gentilshommes s'il vous plaît Monsieur !

Quelques minutes après

– Bien je suis de retour !

– C'n'est pas trop tôt ! Moi je t'attends depuis tant de temps. Nous ne finirons peut-être pas à temps. Ce n'est pas des allusions malhonnêtes, j'ai peur c'est tout. Cette histoire comment devait-on l'écrire si il m'arrivait de m'en dormir ? Vous devez me sauver la vie ! Je sais que vous aurez besoin de cet enregistrement, pour votre psychologie de…du moi. Et maintenant, j'aurai plus besoin de vous, je n'en ai plus le choix à cause du temps.

– Je ne peux donner de grands avis, du moment que je n'ai pas écouté intégralement ce que vous avez à me dire Monsieur.

– Bien évidemment, Rosa est très maline. Lorsque l'on a des abstinences à venger, c'est qu'on n'a pas cru être à mesure d'attendre encore un peu, il a donc fallu établir si possible un mariage de conscience ou de convenances.

– Avec qui Rosa ?

– Avec ma femme.

– Plus de précisions.

– L'esprit saint, m'a aidé certainement à comprendre avec confiance dorénavant que je suis peut-être une renaissance. Quand on aime le premier, pour la première fois, on semble vivre pour aimer seulement. Bien évidemment on peut encore tout exiger de moi prochainement. Mademoiselle, nous sommes des premiers nés d'une certaine façon. Oui je sais que ce dénouement de ma renaissance serait, celui qui vous donnera le sourire, mais hélas il faudra que je parte, laissant abâtardi cette idée de la réincarnation. Mais non ! L'histoire ne finira pas ainsi ! La vie est plus crue que cela et laisse la fine fleur s'en aller, avant que sa tige ait eu le temps de s'adapter aux vents d'orages.

Je traduis ici tout mon savoir vivre, avec courage et liberté d'esprit, dans ce qui finalement ressemble à une promotion de la destinée. Je connaîtrai ce que signifie mourir deux fois, sans aller aux enfers. Pourtant mort, je serai encore en vie, multipliant des gestes qui diront que je ne suis point un fantôme qui effraie, ou une âme qui épouvante les sommeilles, parce qu'elle souhaite poursuivre une mission qu'elle aurait dû achever. Mais de bons renoms, je reviendrai plus habituer à un nouvel esprit, et un nouveau système mental. Et dans la lumière, et la gloire, le monde me verra, me reconnaîtra, et se souviendra de ma promesse. Un faux ami qui a comploté en conférence sous le couvert d'anonymat, sur d'autres terres, ou ici contre mon existence véritable, tremblera et se lèvera de lui-même, pour me demander pardon au grand air, et respirera lui aussi dans l'indépendance. Mon cœur meurtri trouvera dans l'au-delà son véritable premier amour. Noirs et blanc, ils sont nombreux en effet ceux qui ont dû mourir et se séparer des êtres qu'ils aimaient tant, et ceux-là aussi reviendront vainqueur auprès des leurs, doté d'une haute dimension passionnel pour la nouvelle existence, car il fallut qu'il s'en aille pour pouvoir voir autour d'eux, ceux qui les aimaient ; et pour porter une reconnaissance visible à toutes leurs familles. Un scénario que nous attendons tous depuis deux millénaires. Le christ restera christ, et reviendra lui aussi avec ce nom qui fut toujours le sien. Il y aura je sais ceux qui auraient voulu mourir, afin de pouvoir connaître l'expérience de la résurrection. Ce que je sais c'est que les choses seront différentes, du moins je voudrais en espérer. J'ai tout appris de ma vie, celle dont personne ne voudrait réellement en entendre parler, et qui commence à prendre fin. Cette première partie de ma vie, s'est à peine passé que l'on me fait découvrir par ses intuitions qui nous viennent du cœur, que je pourrai mourir, pour tout oublier dans le besoin de découvrir de l'idole, celle de mon cœur, bisou et accolade que j'espère d'elle. Même si l'on dit que des millions de personne en sont morts à cette époque.

J'aime mieux ne rien savoir, mais je le dois en effet, dans le désespoir j'attends que conviennent aux anges qui portent des noms chrétiens, que nous ne leur avons point supplié, de réaliser la liste de mes vœux, et de vouloir accepter mon pardon.

Nombreux savent que Rosa finira par mourir, et font semblant de l'ignorer. Mais quand se lèvera dieu, ne dormons plus, le changement qu'apportent une nouvelle ère qui vient bouleverser définitivement, et absolument l'ordre des choses, et qui précisera le fait de ma disparition est comme cette histoire. Ma mort me ferait changer de monde, et cette missive adressée à des amis, changera la façon d'aimer leurs vies, ainsi avec ce nouveau nom, je devrais me taire pour laisser faire la suite, et préparer une réapparition qu'aucune force antipathique ne serait à mesure de retarder inopportunément.

Je me fais deux prénoms pour enfin avoir du renom. Je n'en sais rien moi-même sur le sujet que me propose mon esprit. Écouteur aux oreilles, c'est la musique qui me ranimera le cœur, et m'emportera dans une sorte de processus coronaire qui me mettra de l'électricité dans les artères, aux moyens de petits écouteurs. Je n'ai que faire de tous les motifs que l'on puisse envisager, pour placer un mur entre l'idole et moi, dans l'objectif de nous distancé. Je l'aime aussi. Fatiguer, assis ou couché, j'en écoute aux risques de désespérer encore plus. Les raisons qui me demandent de les faire y sont précisées. Dans le jour, je me suis convaincu que d'innombrables très haut que nous prions, nous empêche d'observer que nous sommes quelque part dans une nature, où il n'est pas possible de raconter dieu, et c'est là justement, qu'il m'arrive de souhaiter que sa musique m'indique la direction que mon esprit doit emprunter, dans ces modèles d'approches. Mais serait-ce parmi les chemins, une fin, avec ce cœur qui me conduira vers un paradis perdu, où on y entrera plus avec la fausseté ? Je ne saurai vous le confirmer en si peu de temps. La nuit m'aide à la garder dans mon livre avec beaucoup d'affection, et ainsi je veux m'assurer que de là jamais elle y disparaîtra, comme toutes ses étoiles dans le ciel. Si je savais écouter les étoiles, dans cette chance que j'ai de partir enfin où ce pèlerinage me mènera, je saurai à quoi m'en tenir, dans la vie d'après ; où je ne voudrais pas que l'envie que j'ai de vouloir y être, donne l'idée si petite soit-elle, d'un retour irréversible, en conséquence d'être entré dans un prétendu souterrain, ou est planté le décor et la racine de nos pères. Tout ce confirmera au jour le jour, quand vous deviendrez encore plus mûr. Vous ferez mon témoignage sur la terre, pour moi et pour la famille que j'ai bâti. Comme un excentrique j'attends l'épouse. Rien ne me fait encore peur, son rythme me fait encore rêver, raison pour laquelle je suis encore là. Il y a déjà longtemps que je vis avec cette idée de mourir une partie de celui que je suis et que l'on ignore.

Mon père qui craignait que je tue quelqu'un de l'espèce humaine, ou de l'espèce animale à cause de ce désespoir sur ma mort prochaine, aura moins de raison de s'en inquiété grâce à mon respect pour les savants des cieux. Et même si j'y mourrais après cette sentence des savants de la justice, je reviendrai toujours où mon père me verra atterrir. Tous ses rêves deviendront réalité, le nom que j'ai dans un livre, est celui que je n'aurai pas sali. Maintenant le lecteur verra bien que la nouvelle naissance, un choix mutuel d'existence est bien le but du récit. J'ai fait des pères, et des mères, j'ai fait des grands parents, et ainsi je m'en irai un peu différent vers eux. Et je serai, heureux dans un bonheur avec moi-même, traversant la mer sans nécessairement y trouver ce qui s'y passe au fond d'elle.

Je demande un seul verre de liqueur pour m'humilier pendant quelques temps. Je peux bien après, croire que le temps passe rapidement sans que je ne m'en rende compte, parce que sous nos pieds, on a l'impression d'avoir la terre qui se dérobe. La précédente phrase est certainement une erreur commises, et la preuve qu'un parent quelque part n'a pas toujours eu le sens de la démonstration pour bien des égards. Et il y a que même en ces moments je n'arrive pas à crier j'arrive chère enfant, j'attends d'abord de garder la sympathie avec mes raisons ! Il faut être terroriste pour crier devant les foules, qu'il y a quelqu'un qui mourra bientôt, et terrorisé après qu'on l'ait entendu de quelqu'un d'autre. L'avantage serait d'avoir quelqu'un à qui parler seul à seul, ou collectivement avec un ensemble de personnes qui avouent ou consentent de le faire anonymement, s'en prenant par rapport à ce qui est sujet, à la vie et non à la mort qui remmènera une nouvelle autre vie, et cela sans pour autant devenir fantôme dans leur nouveau monde.

Mais non, Mademoiselle Jade. Je crois que je cours trop vite ! Pour une histoire longue, il faudra plus de temps ensemble, pour que vous arrivez à savoir comment elle vie avec moi. Il n'existe pas à ce que je sache, un moteur de recherche, où l'on peut taper : c'est qui le gars de la maison x avec la femme z ?

– Les grands moteurs de recherche, non pas accès aux vies privées des gens. Ne t'effondre pas à ce niveau où nous en sommes ! Si tu ne peux pas gagner deux fois, tu pourras gagner une fois. C'est l'avantage d'un projet multi-but. Tu perdras peut-être la femme, mais tu devrais au moins garder les possibilités d'une vie plus stable. En attendant fais ce qui convient. Ne retranche pas un seul mot du monde d'après, réfléchi et laisse arriver la fin.

Je ne suis pas un savant qui lit des livres comme il cligne des yeux, mais mon histoire je peux la raconté. C'est quelques choses qui sort de moi, en présage d'un monde d'après, taquiné en souvenir de ceux qui arrivent. Et même pour ceux-là qui arriverons, même si à cause de mes erreurs, et blasphèmes, ma belle reine et amoureuse ne sera pas là avec moi pour cultiver ensemble votre destiné, dans les réjouissances où l'on va avec des mamans. Je voudrai qu'ils découvrent qu'auparavant, j'ai été simple homme. J'aurai voulu que mon père n'avoue point sa honte, et le fasse pour moi quelques fois, mais je ne regrette pas d'avoir écouté plus souvent cette voix impressionnante et vieillissante. J'aurai aimé qu'il soit pour moi, un brise-raison autrement dit celui-là qui parle, même si cela n'est que sans suite, mais pas aussi ennuyeux qu'une pierre. Même le diable se déguise pour avoir le pouvoir de changer. Pour eux j'apprendrai à être reconnu avec les prestiges qu'une mère extraordinaire mérite avec les mêmes salutations angéliques, et les mêmes façons de marcher. Je suis toujours certain qu'un père vaut une mère, et que changer pour ce que l'on aime par ces vaccins qui font changer de couleur, et de voix ne remplacera jamais la chaleur d'une vraie mère.

Je me mettrai au dernier moyen, pour une fin encore plus responsable, sans mettre les pieds dans la coupe, avec néanmoins des peintures de franchise. Je dirai merci pour tous ce que j'ai vus, et pas vus du tout, l'honneur et la fidélité ne veut pas qu'on abandonne mais qu'on soit libre. Je veux voler comme cet oison amnistié qui bat des ailes nouvelles vers des horizons de vies, où il est pris par le vertige de la nouvelle terre belle. Et si vraiment j'ai part au choix, je voudrai la raison que j'aurai choisie, celle-là qui acceptera que je reprenne ce qui m'appartient.

Si la terre ne bouge pas, alors elle n'aura pas de lumière, et le ciel ne clignotera plus pour cette vie et l'autre qui ne cesse pas. Peut-être que l'Amérique ou paris n'existe pas encore, peut-être que dieu sera la dernière naissance, et tant d'autres doutes sur le premier gamin à arriver. Étrange mystère pour quelqu'un qui écrit le livre de demain. J'espère que nous saurons pourquoi, ou comment dieu ne fait point d'erreur. Le meilleur moyen d'avancer vers l'avenir c'est d'énuméré les souvenirs, la vie veut qu'il y ait des limites aux précisions hélas ! Mais les efforts étaient mentaux. Hommage au silence il y aura dorénavant, une éclipse de mémoire sur ce qui résolument n'était qu'un mauvais jeu. Un artiste est un mandataire, je suis un mandataire.

– Si aujourd'hui encore elle te parle maintenant qu'elle sait qu'il s'agit de son histoire, elle voudra que tu essaies encore de la séduire. Elle voudrait que vous vous mettiez en spectacle. Elle voudra être active à la participation.

– Autant des possibilités qui aideront à durer l'histoire. Mais je n'aurai pas tout ce temps. Lorsqu'elle saura que je fais des pages pour son éloge, conséquemment le dialogue ne pourra plus fonctionner normalement. Nos conversations seront politisées.

– Elle se fera des mauvaises opinions d'elle-même, avec ce rôle d'acteur dans sa propre histoire.

– Et tout autour, il y a le temps qui tourne ! Qui tourne ! Qui tourne ! Parfois quand de répondre d'un oui elles en meurent d'envie, elles feront quand même imaginer qu'elles réfléchissent, comme si il s'agissait d'un examen sérieux. N'est-ce pas là de la contrariété ?

– Je les connais bien les femmes dans le temps des caprices. Je croyais que oui, pour la vie, était le vœu de toutes d'elles. Si elle ne peut plus parler elle finira par répondre. Étant donné qu'un seul mot dépend d'elle pour une fin, nous pouvons essayer de la prendre dans tous les jeux qu'elle s'en fera ! Et nous contenter de ce que nous avions déjà eu d'elle jusqu'ici.

– C'est ça vie qui se jouera Monsieur.

– Elle jouera avec la mienne, j'anticipe pour ne pas perdre deux fois! Étoile à un charme. Elle est une chance inespérée venu m'aider à gérer cet évènement de ma vie. Mais le temps n'a pas d'yeux ! Que le temps passe vite bientôt je ne pourrai plus vous parler. Nous n'aurons plus carte blanche désormais. Tout est si calme qu'on croirait que dehors Rosa est en train de passer. Comment sortir de là plus tard, étant donné Rosa et ce peu de temps ?

– L'heure grave n'a même pas encore sonné net ! Qu'est-ce qui vous fait croire que je ne vous accorderai pas plus d'attention ?

– C'est là une bonne nouvelle.

Et si c'est une fille à la place de Joël ?

Aux entours de 16 heures 16 minutes.

– Avez-vous des enfants Mademoiselle Jade ?

– J'ai une fille. Elle s'appelle Lora.

– Je vous placerai aujourd'hui encore aux creux de mes secrets. En fait j'ai eu une fille aussi !

– Ok d'accord !

– Elle s'appelait Habiba ! Avant de faire un bilan de ma conscience, sur ce qui s'en suivra, j'ai pensé que c'est avant tout, avantageux, grâce à la nature et ses bonheurs, de m'être trouvé quelqu'un qui donnera l'image d'une prise d'otage. Il était question de faire du grand chantage à la société, jusqu'au jour où, je finirai d'écrire la bonne nouvelle que j'espérais vivement. J'avais cette jeune fille dans mon ombre, qui m'aiderait à devenir repoussant vis-à-vis des autres femmes. Je pensais toute la soirée à faire des enfantillages, et de la cuisine de divers couleurs, qui s'accorderaient à l'appétit de la jeune demoiselle. J'ai fait connaître que je ne savais pas m'y prendre, étant entendu que je n'en savais vraiment rien à cet effet. La solution de l'ultime recours, je le reconnais serait de rester silencieux, tentant de ne rien lui promettre. A propos du chien qu'elle avait dans les mains, il n'y avait pas de raison de jeter dans sa bouche ce qu'il n'avait pas pu obtenir en allant chasser, ce n'était pas de l'excentricité face à Tant-pis son chien, ni même de l'abus, mais le culte de l'effort.

– Habiba est douce, attentionné, drôle mesuré et avant tout, une fille sensible et intelligente, donc une belle couverture qui me mit en confiance. Elle devenait moins étonnante, et lourde quelquefois. Je l'aimais à chaque temps un peu trop, et ça aurait été folie, et méchanceté de la faire retourner dans mon livre. Je me devais de faire ce qu'il fallait. J'ai même fait enregistrer un extrait qu'elle m'a inspiré. Quelque temps avant qu'elle ne rentre chez ses parents. Je devais faire preuve d'astuce pour la démotivé.

« – Si ce n'est pas le mot, alors dite avec toutes vos gracieusetés, que vous m'abandonnez. Je retiendrai que le bonheur est comme la vapeur, il faudrait juste être averti pour la voir, car elle dure peu de minutes dans son quart d'heure d'effet. Pardonnez-moi mes prétentions, et mes rêveries de félicités. Là c'est sa ligne de dialogue.

– Je n'ai fait que raconter les joies que j'ai connues dans les nobles dispositions que vous m'aviez fait connaître. Et là c'est moi qui renchéris !

– Non ! Il serait digne pour vous, que je ne me fasse pas insulter dans vos bras. Vous ne méritez pas ma compagnie. Je serai dans tous les regards une enfant dans vos bras. Dans tous les cas c'est compliqué et vous l'avez dit. Nous n'irons pas plus loin, puis d'ailleurs, c'est quoi après un oui à ma demande de mariage.

– Vois que je suis emprisonné ici, avec pour seule force, la voix dans ma tête. C'est vous qui êtes libre, et visiblement en bonne santé mentale, et c'est pour moi très satisfaisant. Si un jour, après que vous n'auriez rien à faire, vous prenez bien le temps de lire mes articles, sachez qu'il y avait un être surprenant, et sensible, qui voyait déjà un monde d'après, derrière une fenêtre.

– C'est de chagrin que je vous démens mon amour, celui qui vient tout juste de commencer. Vous n'aurez pas à céder à ma proposition. Là encore c'est elle qui parle.

– Si jusqu'à moi vous arrivez, vous souffrirez continuellement de l'infériorité que vous ne valez pas. J'admire votre audace. Ce forfait c'est moi qui le revendique, je me permettrai certainement un délit de vertus, en vous faisant lire ma mauvaise nouvel, que je ne suis même pas sur de finir. Je ne pourrai fuir mon destin trop longtemps, si rien n'est fait je vais me laisser prendre par les étoiles. Dans cette ligne de dialogue c'est moi qui parle.

– Et on dira que j'ai laissé tomber mes rêves.

– Jusqu'ici, jamais je ne me suis débarrassée de personne. Je ne peux même pas me débarrasser de mon propre esprit, pour que ce soit le cas, il faille que j'agisse avant de réfléchir, et cela ne dure qu'un temps. Nous ne pouvons pas qu'anticiper il faudra également prévoir.

– J'aime avoir l'air d'une demoiselle audacieuse.

– Mais c'était surtout pour t'en donner l'attitude. Dis-je.

– Tu es sincèrement un seigneur, je t'en prie fais-moi naitre.

– Nous serons ses gens ordinaires, qui regarderons leurs actes, dans les grandes scènes, incarné par l'amour-propre, des acteurs très talentueux. Chacun en fera sa lecture, chacun s'en identifiera à bon escient peut-être.

– Je t'aime Monsieur Jean !

– Moi aussi je t'aime bien ma mystérieuse chérie Habiba. »

– Est-ce que ça vous a plu ?

– Euh…oui !

– Ha ! Ha ! Ha !

– Mais on dirait que dans l'histoire elle est votre épouse au lieu d'être votre fille.

– De loin je reconnais que la hiérarchie est née dans la famille, et les choses étaient censées aller dans l'ordre des choses, et grâce à la magie qui fit qu'un homme obéisse à un autre, je pouvais penser qu'au levé du matin tout finira. Elle devait m'aider à arriver cette histoire qu'elle rêvait de lire. Oui je sais je n'avais pas le droit, mais écoutons encore ensemble cet élément que j'ai fait enregistré par un magnétocassette.

« – Ne sois pas triste on va écrire ce scénario, la petite marche se poursuivra, tu as résolu de m'aider ne l'oublie pas, restes juste assise là face à l'écran.

– Je ne crois donc pas en un seul mot de ce que tu dis.

– Bien ! Si tu ne me crois pas Habiba, demain j'irai avec toi voir ton papa, et c'est lui qui devra me donner ta main. Je veux me trouver une raison d'être avec toi. Tous les deux, ma jeune fille te remerciera certainement d'être passé. »

Mademoiselle Jade à mon avis, je ne sais pas tous, transporter par celle que j'ai vu je m'engage encore par des approches, et par les lois d'observations à crayonner mes remarques par des écrits qui feront bon miroir. J'ai trouvé qu'elle offrait dans cette enfance un visage oblong, on remarque deux grands yeux suspects, des lèvres plaisantes, et de bons propos qui protégeaient des dents blanches. Je voudrais dire d'elle sans hésitation ce que j'aimerai qu'elle ait, mais faisons en sorte d'aller jusqu'au détail avec cette taille dans ces encensements, et cette corpulence certaine qui la définie, et qui peut lui appartenir, comme ces cheveux qui se réjouissent dans toutes les épreuves du vent. Si nous nous réservons de tous ce qui arrivera, du moins par ce que l'on peut croire par ce calque, nous dirions tout au moins que c'est tout cela qui de loin bâtissait la jeune fille, et ce fut une tentative de description, et une expérience qui m'avait vieilli. Je n'entendais pas m'arrêter là, je me suis rêvé en voyant dans sa grande beauté ma plus belle vieillesse. Comme dans toutes nos conversations franches, j'avais encore fait enregistrer cet élément qui pourrait peut-être nous aider. Mais avant de me juger vous devez comprendre que le monde est dangereux, et j'étais en face d'une admiratrice secrète qui était un peu trop jeune.

– Je ne vous juge pas, tout ce qui se passe dans ce cabinet doit y rester si vous le voulez.

– Si nous poursuivons la lecture nous découvrirons cet autre élément.

« – Jeune fille d'où tu me viens c'est l'au-delà de mon imaginaire, et je veux que tu me racontes ce que l'on y voit. Est-il possible que la jeune fille arrive à l'existence avant sa mère? Il y a un dieu de tous les possibles derrière la face du ciel, et on aurait dit que j'avais été compris.

– Me prends-tu pour une ressuscité ?

– Excuse-moi, mais je ne connais pas tes parents, je n'ai rien qui me prouve que tu n'es ni diable, ni dieu. Est-ce que tu es ma fille, celle qui doit me venir au bon début de mon histoire ?

– Je ne n'ai plus que vous Monsieur.

– Comment ? Que viens-tu me dire ? Tu as bravé les lois, c'est ta mère qui devrait venir d'abord. Elle est où ta mère allez dis-le moi ? J'en ai marre de l'attendre.

– Du jour au lendemain, vous avez perdu la raison, tu es mon idole, et je suis votre admiratrice. Je dois vivre avec vous.

– Oui justement ton père est l'une de mes raisons, car depuis le temps que tu es arrivé devant ma porte, je ne vois plus ma raison celle qui me fait écrire ces livres. Dis-moi je fais comment ? Est-ce un sous prétexte qu'essaie de m'infliger le monde pour me dire que je ne verrai plus ma charmante petite fille à moi ? – Dans l'ambiance ce fut aboiement et larmoiement. – Tu es ma fille, j'en suis sûr, celle qui doit m'arriver, comme Jésus le christ tu es venu de toi-même. Le christ était-il donc une femme ?

– Quel est le rapport entre moi et le nom du Christ que vous citez ?

– Tu n'es pas rien, bien plus tu es ma fille et nous devons trouver ta mère.

– A par vous je voudrais que personne d'autre ne me touche.

– Il faut beaucoup de lait à la maison lorsque l'on a des enfants.

– S'il faut attendre tant d'année pour que tu veuille que je fasse un enfant, alors tu devras d'abord accepter d'adopter Tant-pis. Tu le feras appeler par un claquement des doigts, tu seras satisfait de la manière qu'il t'obéira.

– Oh ! Quelle joie immense, lui au moins il sera un chien comme un autre.

– Je sais que quelqu'un arrive, mais ce n'est pas aujourd'hui qu'elle arrivera.

– Comment tu peux savoir ça ? À ce que je sache, je n'ai dit à personne que j'attendais quelqu'un.

– Je suis un peu sorcière ! Mais non je blague, on me l'a laissé entendre dans les réseaux où ton histoire y est. Que vas-tu faire avec moi, attendre avec un verre d'eau que moi je devienne plus mature ?

– Hey ! Mais calme-toi ! Rien qu'en étant assise là tu contribues. Lorsque je m'en souviens, je découvre que je ne te retiens pas. Rien ne doit, s'imposer non plus.

– Pas de problème ! De toutes façons, c'est une seule femme et pas une de trop. Déclara-t-elle.

– Tu sais je ne suis pas très diffèrent de toi. Il faut se mettre d'accord c'est toi qui est là.

– Tu me fais confiance n'est-ce pas ?

– Oui déjà !

– Oui qui ?

– Oui ma princesse ! Même si je crains de devenir un peu enfantin. Ecoute, l'heure est venue de me dire où est ton papa, et comment tu es arrivé jusqu'ici.

– Je me suis fait accompagner par un chauffeur. J'ai convaincu mon père que tu étais l'homme de ma vie.

– Comment ça ?

– Je lui ai dit que s'il ne me laissait pas venir jusqu'ici, je ne mangerai pas, je ne boirai pas, et je serrerai mes dents jusqu'à ce qu'elles me fassent mal.

– Est-ce que tu crois qu'un dieu existe ?

– Quoi qu'on en dise dieu est un doute, et, je ne l'ai jamais vu.

– Je suis obligé d'être un peu effrayé par ce que tu me racontes. Je viens de voir un passage très inspirant es-tu prêt à t'enfermer dans mon ouvrage avec moi Habiba ?

– Oui ! »

– Mademoiselle Jade, je couperai à ce niveau ! Je savais que si je parvenais à écrire dans mes œuvres au sujet de sa mère avec les détails qu'elle m'offrirait je saurai qui elle est enfin, et je reconnaîtrai enfin parmi ces nombreuses étoiles dans le ciel celle qui est vraiment la mienne. Si j'écris au sujet de son père, il serait intéressant de vivre en deux temps, mes petites histoires. La jeune fille était saisissable, et je pouvais la toucher. Sur le moment je devais accorder de la priorité, à la raison d'être de ma fille que j'ai eu en face de moi. Elle était celle qui me dirigerait tout droit, vers la compréhension de beaucoup plus que ce que j'avais écrit. Était-il pareil d'avoir dans le présent, un livre que j'ai écrit dans le futur et inversement ? Je ne savais plus répondre. J'avais tellement envie de la regarder sur ce canapé, avant de la faire naitre.

Lorsque ma raison m'a fait croire que trop de femmes m'aimeront, pour moi cela était au début un problème de devoir me soumettre à de nombreuses d'elles énergies et corps. Je me suis refusé au besoin de quelques fantasmes, mais endormi par celui-ci, j'ai eu de l'effet, à cause de cet attachement qui maintient cette jeune fille avec moi. À un moment, les habitudes nous imposent ses besoins, et dans le faible luminion de couleur, pour que reparaisse ma raison et les dialogues, je buvais dans une tasse pour m'aider à la rappeler, en portant beaucoup d'attention, à une jeune femme, la femme-enfant la fille de demain certes. Il m'a semblé que, j'aurai pu avancer grâce à elle quelques pages. Elle m'a demandé si nous allions dormir ensemble. M'avertissant que si je m'endors sur le bureau, elle dormira parterre. Elle s'est avancé vers son chien Tant-pis qui donnait du museau à terre, pour flairer la moindre étrangeté. « Viens Tant-pis, on pleure de nos problèmes, viens ici ! » Bon d'accord nous dormirons ensemble sur ce lit la rassurai-je. Elle a insisté que ce soit avec Tant-pis son chien. Je lui ai fait croire qu'il méritait lui aussi l'accueil du bienvenu, je lui parlais bien, et je lui donnais de mon temps. En voyant comment il se portait, l'examen visuel me permettait de lui autoriser la liberté de promener son museau sur moi. Il était bien possible que, ce chien avait plus d'intelligence qu'il en donnait l'air. Chez-moi, il était chez-lui aussi. Ce qui nous conduira vers cet autre enregistrement :

« Il porte peu de poiles, et il y a que, il est très câlin lui aussi tu verras bien. C'est toi son maître !

– Des aboiements, des larmoiements, on rêverait mieux au paradis de tous nos doutes.

– De plus près, dis-moi ce que tu vois en moi.

– Je me sens tellement différent, autrefois j'étais la seule personne que je protégeais, aujourd'hui j'accorde également de l'importance dans les petits détails, je n'ai pas voulu, afin il est nécessaire que je te dise que… ça va, c'est rien ! Le plat cuisiné t'a-t-il plu ?

Il fait si sombre qu'elle semble avoir peur.

– Où tu vas ?

– Je dois finir d'écrire le livre.

– Dis- moi comment on fait, je veux t'aider ?

– Il est des étoiles beaucoup trop cher, furent-elle belles, que je ne suis pas prêt de tous aimer au même moment, ce n'est pas possible. Je ne trouve pas, la diplomatie nécessaire pour leur dire que je ne suis pas une espèce de trophée. Tous se passent dans ma tête. Et ta venue là me donne l'impression que ta mère ne pourra pas lire cette histoire.

– Si c'est à ce sujet, que tu es en cherche d'un bouquin, je crois que j'ai ma petite idée.

– Laquelle c'est ? Je t'avertis elle doit me plaire. Tu auras une prime d'encouragement si tu m'aides bien à briser autant de cœur par le une pierre deux coups.

– L'idée est que tu devras me consacrer plus d'attention, je dois devenir ta muse ; et c'est tout.

– Autrement veux-tu que je t'adopte ?

– Non si vous ne voulez pas vivre avec moi et m'épouser, j'en aurai le cœur meurtri, il saignera puis je me boucherai les narines dans l'immédiat, et je me laisserai mourir pour mon idée.

– Je réfléchirai, mais ne le dit pas à quelqu'un dans l'amas ce que tu as lu, on ne met pas deux chansons dans un même air, car même au temps de bien meilleur chose, mes rêves pourraient changer après cette nuit.

– Nous voilà bien tranquille, il est temps d'aller en ce sens.

– Mes raisons me font savoir qu'ils sont contents d'apprendre que, je suis tenté d'accepter leur demande de mariages.

– Il ne fallait pas essayer de faire plaisir à tout le monde.

– Le quant-à-soi tu es très maligne.

– Ce sont nos jours de vies, notre victoire face au néant. Ce livre est pour moi- même quelque chose d'assez spécial.

– La réponse que je dois faire devrait être globale, cela devrait donner l'impression que je ne partage pas des faux espoirs.

– Laisse-les, c'est toi que je veux pour moi toute seule s'il te plaît.

– Ce que tu me demandes le monde ne le permet pas. Tu ne le supporteras pas toi-même. Tête sur tête les yeux dans les yeux je te le dis.

– On changera de terre on ira loin.

– Il faut modifier les hommes.

– Déguise-toi en dame, il sera plus facile pour des inconnus de nous voir ensemble.

– Non Habiba, j'ai besoin d'une ribambelle d'avocat contre la manipulation, je dois faire ma réponse.

– J’ai du mal à croire que le décor du monde a été pensé au fond de cette chaise. Ah ! »

Quand on part vers les routes de l'au– delà.

Il est 19 heures 00 minute au petit soir du bureau à cette petite lumière cuivré.

Aller vers cet endroit, où vivaient ses parents signifiait : un retour vers mes origines, vers soi, vers mes implications, vers ma fille, vers ma famille, vers le possible, et globalement vers ce qui me revenait de droit. J'étais un esprit qui devait enfin retrouver un corps qui dépendait exclusivement de moi. En découvrant le père de cette jeune fille, j'allais sans aucun doute mourir croyais-je. Comme si j'allais jusqu'à l'infini, j'ai trouvé en l'occasion, des miroirs parallèles, qui renvoyaient l'illusion d'un infini, que seul un dieu pouvait résoudre. Il s'avérait que, nous n'y arriverons jamais si nous y allions avec des simples mobiles. Traverser les mers est une vie dont elle est habituée, pour finalement me retrouver cacher dans ma nécessité, dans mes temps forts pour une vie dure et parsemé d'obstacles, et de stress causé par l'impatience. Mais à la regarder, dans ses manies, je savais qu'à l'avenir, je ne serai pas plus tourmenté, que sur le moment.

Mais il survint devant moi, ces vérités qui me parlaient par leurs impatiences, et qu'il fallait exprimer. Je me suis demandé ce que j'allais faire, à l'heure de la promenade avec ce chien, qui pourrait devenir chétif. Je réalisais que je ne pouvais pas la remmener chez-elle, aux abris de ses parents, du fait du manque de frais de transports, qui faisait décoller ces grandes machines de l'espace et du temps. Elle serait donc encore là demain, comme je la voyais là, à côté de la rose rouge. Il fallait s'assurer qu'elle continu de sourire. On aura un passé, après cette vie que nous avons mené.

Lorsque l'on ne se sent pas du bas-âge, parce que l'on a sous sa charge un petit chien, alors qu'on l'est tout au moins par les allures, il doit avoir une justification. Je n'étais pas pour autant quelqu'un qui a écrit d'année en année. Voilà un enregistrement que j'ai fait au départ :

« – D'où es-tu Habiba ? Nous irons voir ton père.

– Où allons-nous ?

– Je vais vers moi.

– Comment ça vers vous ?

– Vers ton père.

– J'ai dit que je ne voulais pas. Déclara-t-elle avec graviter.

– Nous allons être, là-bas ensemble.

– Tous que j'ai fait c'est écrire, lorsque, je baverai de la bouche, quand je tremblerai de la main, dans un manque d'équilibre permanent, seras-tu encore là pour prendre soins de l'idole que je suis à tes yeux ? Diras-tu que je suis très vieux ? Il m'est impossible de te renvoyer, je me verrai obligé de te signaler à la police.

– Si vous me laisser tomber, je ne le supporterai pas. J'ai des économies. La force avec laquelle elle appuya sa main n'en précisait pas moins. La meilleure façon de s'aimer voudrait que, le bonheur reste ce qu'il y a d'important dans le monde. Hé bien dis-moi qui t'envoie m'éprouver mon père ? Ton père ? Ma mère ? Dis-moi qui s'il te plaît je suis moi aussi un peu apeuré. Ma raison ne m'aurait jamais laissé dire ce que je vivrai mieux que ce qu'il m'a fait vivre.

– Qui est-ce que vous appelez la raison ?

– Comment te dire, pour l'exemple, toi tu es la raison de ma fille. C'est-à-dire, un tableau de ce qu'elle sera. Tu pourrais également être la raison de sa mère, mais je ne veux pas me retrouver dans la situation de la petite, et de la grosse erreur. Pourquoi devrais-je être réduit à une faute que je n'ai point commise vis-à-vis de ma fille. Et je veux savoir pourquoi aurait-elle accepté de mettre sa confiance en un Monsieur plus ou moins inconnu, et dans le besoin, malgré tout l'avenir qu'elle laisse derrière elle ? Un départ vers quoi me ferait-il puiser dans l'héritage de ma fille, qui me semble-t-il, à autant d'argent que jamais je n'avais touché en totalité jusqu'ici ? Suis-je en procès pour délit de précipitation, ou d'exaspération de l'instant présent ? Non seulement je suis certain que tu ne peux répondre à mes questions chères Habib, mais aussi ce qu'il faut d'autre, c'est trouver une stratégie pour faire hériter la jeune fille, pour le bien d'elle- même et de son avenir. Car si tu avais beaucoup plus que ça, je nous aurais aidé à retrouver tes parents, qui semblent-ils, veulent te faire la leçon sur la méthode de dissuasion. Pour chacun, ce sera loin d'être drôle. »

Avec la peur de reprendre la parole, elle n'a rien dit. Impatient de taper sur le clavier de mon ordinateur, je suis triste d'achever ce livre, j'en avais honte. Mademoiselle Jade, le seul moyen que j'avais de prouver que j'ai suffisamment de raison, était d'accepter le montant qu'elle me proposait, pour l'aider à réduire également, les grandes distances que l'on se mettait, ou du moins qu'elle se mettait avec ses parents.

L'argent, ça fait tout dire, entre temps ça permet dans le monde, une succession de même principe pour différent style de vie. D'après mes observations, il fallut avoir commencé par un juge qui nous mettrait hors de procès. J'ai alors fais la demande de quelques renseignements de l'un, et de l'autre parent, qui bien évidemment pouvait avoir bien été informé à mon sujet. Ma voix arrivait vers tous lieux, j'étais donc entendu. Cet otage du monde que je me suis littéralement laisser faire, était le témoignage de ma personnalité, et ce qui prouverait ma célébrité. Mon intérêt fut de faire dans les médias, un procès de tendance à qui que ce soit, qui se verrait juger mes actes. Puisque la critique le voudra, j'ajouterai sans aller de mal en pis, quelques ans à la jeune fille, mais qu'au moins une fois pour toute, je sache si elle fut la raison de ma fille ou non, avant de pouvoir faire en conséquence un verdict, à mon propre avantage également. Peu importe ce que le monde aurait dit contre moi, lorsque j'aurai vu enfin ses parents, je mettrai au final toutes les parties hors de tous procès.

Dans cette jungle d'action ou vérité, dans la relation maritale entre la musique et le cinéma, non-seulement, elle n'était pas effrayer, mais surtout je l'ai vu dans l'action, avec une obstination diurne à vouloir m'aider, voilà pourquoi on la trouvera attachante dans ce fanatisme. C'est presque tout le temps, au nom de ma fille que je fus dans l'obligeance d'essayer de la soutenir, pour l'aider à atteindre ses objectifs et mes objectifs, avec ces sens d'elle que je n'avais pas. Un engrenage bien dangereux, susceptible de nous mettre dans le péril. Je n'aurais pas été à mon humble avis le seul à couler au prétexte d'un soupçon désobligeant.

Sans égoïsme, ce document, ma fille aurait souhaité que je le finisse, peu importe avec qui elle aurait eu des problèmes dans sa vie. J'avais décidé de cesser très tôt à vouloir devenir le modèle des jeunes. Je devais lui rendre ce service, sans le moindre propos de terreur, qui continuera de valoir même après moi. Pour ma part, il est temps de me trouver un mérite, dans ce qui était loin d'être un simple hasard, il serait indispensable pour elle d'avoir dans les dix-huit ans, pour avoir le courage de surmonter toutes ces épreuves.

Je lui ai dit que, que nous allions nous quitter, mais que je n'étais pas sur le point de l'abandonner. Voyez-vous Mademoiselle Jade, de la sorte, j'assumais les responsabilités, et l'éducation de mon fils. Je lui refusais humiliation, manipulation et impie, car nul ne saurait comploter contre le destin. Il n'a pas été difficile de lui faire savoir que mon fils vivait avec sa mère non-loin de la contrée. Puisqu'elle m'a aimé elle l'aimera, dans le contexte sacré qui souhaite que : qui a vu le père a vu le fils. Elle devrait donc souhaiter que lui vienne cette chance.

C'est un garçon : les mêmes choses se reproduisent toujours.

La mi-février la thérapie commence à l'après midi.

– Aujourd'hui, Mademoiselle Jade, je voudrai parler à mon fils. Sans trop tirer le raisonnement de mon côté. Pour lui faire comprendre que, où qu'on soit on peut trouver près de nous, celle que l'on aime. J'aimerai votre point de vue à ce propos.

– Il est vrai que nous les êtres humains, nous nous opposons par philosophie, et l'insécurité de propos qu'on pourra y observer, aboutirait en conséquence à des disputes. Même quelqu'un en qui l'obéissance n'est pas rare, s'usera en capacité de réflexions. La parole se libérera, un jour ou l'autre. Il n'y a rien qui puisse être plus utile, que de vouloir connaître la vérité sur ses parents. Attention quand même Monsieur Petit-Jean, Joël votre fils, peut être perturbé sachant qu'il n'y a pas d'avenir, qui se peut être sans que, son besoin ne soit autorisé ou créer d'avance.

– Ma connaissance, prendra en compte, la confiance de tous les contextes des écritures, et d'arts allant dans cette direction, et qui ont témoigné par eux-mêmes, de la réunion de la pensée de ceux qui les ont faites.

« Tu n'as pas été prédisposé, mais je te laisse être là, quelle autre preuve d'amour me demanderas-tu garçon ? C'est l'histoire de la plus belle partie de ma vie, et la plus insignifiante aussi. À part toutes les différences des peuples, l'extraordinaire de l'univers ne changera pas autant si, nous ne sommes pas, hors des cordons de l'ordinaire. Il a toujours existé au crépuscule, un soleil rouge comme une tomate, et demain tu verras, nous verrons dans un ordre secret, un signe dans le ciel qui en cachera un autre, et tout le reste qui tournoi pour créer, et assurer une existence.

En commençant une histoire, par son exode, chaque fois, la lecture indique quelque chose, servant à atteindre un but qui ouvrira le mystère, sur tous les détails, à interpréter sans relâche, jusqu'à ce que se referme le dernière passage. Ce que je peux faire par une écriture comparée, c'est parlé par tout, guider à la solidarité, pour serrer une réputation réelle ou supposée qui aura servi, contre la stigmatisation. En outre, ce que je veux éviter, c'est des jours de rien de plus, pour que vive l'humanité. En l'état actuel, rien ne justifie, cette dernière situation d'indifférence ou pire de complot, à mon égard, qui pourrait durer x ans, à cause d'une Rosa qui procèderait en secret quelque part, à qui il est difficile de demander de quoi il nous est reproché véritablement. »

La plupart des modèles théoriques, tissés par des bonnes connaissances, contrôlés et solidifiés par les dogmes, ont été à leurs époques cohérentes mais sans pour autant, cesser de se faire instables, par les déplacements du temps. Par les termes des langages, par un serment d'obligation, je me suis placé, devant sa vie, mieux que celui qui donne l'âme dont il m'est interdit de réclamer. Je crois aussi en l'illusion d'un coucher, et d'une levée d'un soleil, fondé sur un incident, et donc je crois à une influence supérieure ; dans le livre duquel je jure. Pour fuir un affrontement contre le supérieure que j'ai senti venir, par une photographie sans narcissisme, je vais devoir me décrire pour donner à mon fils le maximum de ce que j'ai eu, d'autant plus que j'ai le bénéfice du doute. Dans la certitude de l'adage du tel père, tel fils, qui est une maxime qui se démontre mais ne se vérifie pas, j'écris le livre de mon fils dans lequel je voudrai bien jurer sans vanter les apparences. Pris à ce piège de l'assimilation, qui me met dos au mur, il ne m'est pas facile de me rabaisser médiocrement, je suis d'accord et je veux que demeure le sans faute quoique je fasse.

Je veux qu'il s'agisse de moi, alors pour l'homme que je suis, dans un feuillet, je mettrai que je suis égale à moi-même. Jade, si vous désirez me connaitre, apprenez que rien à changer en moi depuis très longtemps. J'ai toujours cette belle tête sur le visage de laquelle j'ai un nez à base triangulaire comme tout le monde, qui me fait vivre en respirant cet air passe-partout, sans passeport ou laisser-passer. Entré dans le monde des premiers nés, par une renaissance, par les cris de délivrance d'une mère, par un obligeant respect, et pour le bien aperçu je n'en su pas puiser honneur. Mon cœur me dit toujours comment aimer. Même lorsqu'on entend des propos qui sortent entre mes dents dans le ton du reproche, on y voit de l'amusement. Debout je suis grand, et je m'en sers aussi pour bien défendre ma vie. Une vie physique, libre et sans débours, alors que je regarde autour de moi avec des yeux noisette doux, pour me prévenir, des dangers et des intimidations. Dans le moment, l'ensemble de mes cheveux est teinté en noir. Je marche de pieds forts et droits, au désir des distances vitales, quoi qu'autrement j'y coure. Comme une araignée du temps de ma jeunesse, j'ai toujours cru, que mes bras avaient la force essentielle de se fixer sur une dalle comme une araignée. Et pour tous révéler, je sais que j'ai aussi, un imaginaire qui prédit beaucoup. Et je m'incline avec facilité devant autant de grâce qui se rétrécirait dans le langage et dans le temps.

Lorsque le regard se dirige tout de suite, vers l'immense étendu de l'universalité, nous pensons à nous, par une attention porter sur le prochain, et l'on on laisse le cours au surnaturel de la femme. La chaste intelligence, voudrait que nous soyons des êtres procrées, mais internés dans les ventres, premières nations de dames, elles-mêmes ne trouvant pas trop d'étrangetés, en ce génie, ou pouvoir inconscient de procréation que fut les siennes. Cette mesure surnaturelle, d'une secrète science, était devenue raison naturelle, et tout le monde s'y résous, car c'est là que virent débuter une existence intérieure. En certaine façon, elle tenait compte de sa vie, c'est effectivement là dans ce ventre, qu'il sera le rêve réel ; pendant ce temps où sa mère se présenterait fière, puis ensuite triste, comme un nouveau scion qui sentait germer sa première plante. Elle laissait défouler des ondées de larmes, pour cet enfant à la porte de la liberté. Pleurer c'est l'évidence curieuse. Pleurer c'est la première émotion que l'on peut ressentir. Le garçon pleura certainement de la douleur de sa mère. Il naquit les yeux fermés, soit du fait de la grande lumière d'une froidure particulière, soit pour refuser de voir le visage triste, et sombre d'une nouvelle mère, tant il sera appelé à partager le même émoi.

La coupe du ventre de sa mère qui frôlait les proportions extrêmes, demeurait malgré tout une forteresse d'amour, dans laquelle le tout petit, sent passer lentement la chaleur caressante d'une main, qui tâte lentement, comme pour chercher l'introuvable. Une main qui influence déjà, le rythme des battements de son petit cœur. Comme pour vouloir traduire tous l'amour qu'il représente, dans ce corps privé, et nécessairement aussi pour tromper le temps qui, hélas, pèse de tout son poids pour tarder le sort jusqu'au délai officiel.

C'est une ouverture pour les premiers chagrins, et solitudes, auxquels viennent se majorer, les humeurs agressives. Et dans cette enveloppe silencieuse comme un tabernacle inviolable nation. Une fondation sacré d'une dynastie à venir, et par lequel il s'était laissé arriver pour l'ouverture d'une nouvelle phase de vie. Le même ventre où vibraient des ventriloquies d'une prière. On pouvait s'imaginer que vautrant dans ce ventre, dans un entretien aussitôt commencé, il se serait débattu à dire à sa mère aimé, un discours préhensible, sans semblant trompeur, dans une pensée que l'on imaginerait vertueux en ces propos : « Femme vois moi donc ! Je suis ta fécondité première. Je me forme comme un organe complet, devenant une bonne part en toi. Mère ceins-moi donc, ta faute ne sera pas d'être née pour moi. Comme les jeunes s'aiment dans l'amour des premiers jours, ainsi sera mon amour pour toi dans les premiers jours que dureront tes jours de jeune mère. Accouche-moi, je demande vouloir naitre, pour me faire découvrir ce que je pourrai devenir. Après cela, je témoignerai sur les murs, que cette femme n'a jamais porté l'encombre. Je raconterai ta beauté et tes rondeurs. Sous tes paupières, je boirai la vie dans tes seins, et encore sous tes paupières, tout le jour que durera mon adolescence, je serai le sourire sur tes lèvres. Mère effleure encore mon éminence qui s'étend grandissant, c'est dû à ce dehors à bruit, qui m'appelle à tout prix à une jeunesse errante, dans l'influence serviable et la sagacité pratique. Accouche-moi, et je serai le garçon de tes seize ans, miracle de ceux contre qui, tu as dominé par ton silence impérial. Quand viendra tout de suite qu'il faille que j'arrive, alors je chargerai mon plus beau cris pour pleurer; mais ne sois pas grise d'angoisse, car à coup sûr, au lendemain, on apprendra trop vite à se connaitre, dans le bruit et les vibrations de l'existence. »

J'aime être sûr de tout, faute de quoi ; je ne veux pas attendre que, nous soyons aux cinquièmes de sa grossesse pour enfin l'appeler Joël. Un nom différent c'est toujours utile. Combien de temps reste-t-il avant la naissance ? Mon incertitude ce secret que je ne dois révéler au monde est un courage qui me conduira vers toujours plus d'information à l'égard de lui et de sa mère.

A l'occasion, et en ce qui me concerne, je dois trouver cet espace qui acceptera les causes communes et les peines familières à son logement, cependant pour la suite de cette histoire j'ai le bénéfice du temps, un jeune homme dans bientôt, arrivera et pendant que toute la maison entière, tous les jours l'espérera activement dans le rôle qu'on lui entends, à part l'ampleur de mon attente à moi, pour ne pas rien dire, j'affirme qu'il sera heureux d'y être et j'espère beaucoup l'y voir. C'est pour l'heure, le recueillement et les yeux ouverts, pour déterrer des lignes de mon imaginaire autour de la question, et c'est si haut où il faut poser le regard pour faire arriver l'organisation de tous cela. Je ne me suis jamais autant senti coller au sol, mais faut-il continuer d'inventer des personnages pour faire durer le livre ? Faut-il que j'arrête de rendre la vie plus précieuse et magique ?

Le fait que Joël et moi, ne nous voyons pas, est pour moi-même, une précieuse stratégie, aidant à se servir de l'amour que notre allié porte sur ses proches, pour le conforter dans une position, comme dans les réseaux sociaux. Ce moyen des algorithmes à répondre à nos besoins mieux que nous-même est idoine. Toutefois, j'avais la jeune fille avec moi qui m'aiderait à attirer l'attention. Si on dit que, par ma faute je me suis ouvert une porte vers le monde, pour répandre une erreur à cause d'une mauvaise précision de ma part, ce quelqu'un de bien veillant qui m'eût laissé cet otage, que le monde me mettra précipitamment dans les bras par des rumeurs, m'aidera à l'occasion.

Cela signifie que, plus ça durera plus ça me fera des importances, des connivences avec la justice, la police, et une popularité soutenu par des plus anciens dans l'écriture. Grâce à mon esprit dévaster, il conviendra d'en tirer parti, car à ce jour compte tenu de toutes ces indifférences à peine voilé, on n'attendait pas qu'une tête jeune, vienne servir d'excuse pour lever l'indétermination sur le tabou, l'intouchable et l'indestructible. La situation d'une fille secrète, m'a fait découvrir ma main d'écriture, celle que l'on a quand on est un homme patient. Celle que l'on a pour écrire en plusieurs styles pour parler à tout le monde. Joël dans cette histoire ou théorie, je suis parmi ceux qui n'y sont pour rien.

Joël tu te diras :

« Êtes-vous des dieux pour vouloir prévoir autant ? »

Et je dirai que tu as en toi, toutes sortes de réponses que tu voudrais savoir au sujet des origines de ta femme. Mais sache personne ne doit des excuses à personne. Je ne l'ai pas du tout enfanté. Tu peux dormir tranquille. Elle nous est bel et bien apparue. Si s'était à recommencer je recommencerai. Mais à juger par le peuple de chaque côté, je serai déjà bien vieux pour recommencer tout cela.

Et probablement tu diras encore : « Excusez-moi mais permettez-moi de dire que vous êtes déments ! Voilà pourquoi les gens nous craignent. C'est à cause de vous. Je crois que j'ai besoin du temps pour comprendre tout cela. Vous m'avez trahi, je vous faisais confiance et vous m'avez fait du mal pendant tout ce temps. »

Mon fils, je suis désolé nous ne sommes pas parfait c'est vrai, mais toi non plus tu n'as aucun reproche à nous faire. Si tu me vois comme un tout puissant père, à l'époque de la rencontre avec ta femme, nous avions été beaucoup embarrassés au sujet de la survie de cette fille, et des trouvailles de ses procréateurs. Nous ne savions pas quoi faire, grâce à mon journal, celui que j'ai écrit, nous l'avons découvert. Il a fallu que l'on enquête, pour découvrir d'où venait cette jeune personne. Nous avons la réponse d'ores et déjà. Par loyauté, je suis un peu obligé de dire que l'écart d'âge entre vous ne satisfasse beaucoup.

Ton père qui t'aime écrit cette histoire, et rêve de petites voitures, de bateaux, et d'hélicoptères. Il ignore que dans tous ses personnages, il peut aussi s'agir de lui-même. Tu te demanderas est-ce de sorcellerie ? Je te répondrai à la négative ! C'est pour l'assurance nous enquêtions essentiellement sur nous, ne te fais pas trop d'illusion. Les mêmes choses se reproduisent quelques fois. Nous sommes des artistes, des gens de l'art du secret. Nous sommes des visionnaires, et des artisans. Nos vies, elles seront si dieu le veut, des vies ployant au grand jour, des premières vies, toutes nouvelles qui aiderait à faire exister le monde.

Masquer : curieuse théorie.

À 17 heures 45 minutes.

Lorsqu'on ne veut pas faire le bien, on doit arriver à prouver un alibi qui prouvera des raisons de justifier le bien que l'on souhaite faire. C'est terrible, de retenir une telle intention en tête, et dangereux d'avouer qu'on risque d'en avoir. Et moi je voudrais seulement que l'on me fiche un peu de paix à la rue. Le monde est contre moi, et je refuse de pervertir d'avantage ce monde. Compte tenu de ma situation, j'ignore si c'est du scepticisme, ou de l'humour noir, néanmoins il reste impossible d'en parler sans une crise de nerf. Néanmoins dans un redoublement d'effort, je me suis senti obliger d'en faire un papier, et donner mon avis, sans contrainte majeur. Il y aura quelques soupçons à l'avenir, mais comment en parlerait-on à nos enfants ?

Est-ce que je ferais mal d'exprimer mon amertume ! On y arrivera, ce livre verra le jour avant ma mort, et ma descendance existera pour tirer ce problème à sa fin. Il sera question que le monde voit ce que ça fait d'avoir cette vie d'indifférence, plaquer chez soi du jour au lendemain, ne pouvant aller où l'on voudrait bien aller, vivre avec l'impression que tous les autres qui étaient là à la veille sont partis sans vous. On se devait de savoir aussi à quel point dieu aime les familles, qui n'ont pas deux personnes pour prendre soin d'elles ; et un parent qui arrivait encore à vivre sans masque du parent invisible.

Pour tirer parti de la situation du moment de cette pandémie, je garanti au départ, que cela n'était pas un reproche fait à mes laideurs. Suspects et supposés, c'est ainsi que l'on apercevra sans doute mes conclusions dans les discussions. M'écoutez-vous docteur Jade ?

– Mais voyons Monsieur Petit-Jean ! Comment croyez-vous en une chose pareille ? Le monde entier ne peut pas être contre vous.

– Je sais qu'on m'entendra mal, on en rira un tout petit peu, mais continuer l'enregistrement. Sans confondre la masse curieuse, il y a bien de la maladie dans l'air, il nous est exigé de faire beaucoup de tranquillité lors de la gestion des pandémies et épidémies. Regardez ! Il n'y a quasiment personne dehors, un masque un visage, pas moins d'un mètre d'écart avec tout le monde, ne pas donner sa main à serrer, et se sentir responsable des autres sans condition, rester autant que possible chez soi, ajouter à d'autres règles sanitaires et de sérothérapies, qui s'approximent de la tuberculose ou du sida, et cela va dans le même sens que privée quelqu'un de l'usage libre de son sexe. Outre les nouveaux principes moraux que j'honore, voilà tout ce qui est bon à savoir pour ce projet. N'étant pas présent à l'époque des pestes que je n'ai point connues, autant dire que ce fléau était moins souvent arrivé partout au même moment, dans le monde, lorsqu'il faisait bon vivre dehors, et lorsque tous ou presque sentait bon à l'époque.

Il fallait avec d'autres aidants, soutenir les personnes âgées, avec des possibilités de faire de gros dons. J'aurai été un jeune auteur, ensuite un jeune marié, ou un jeune parent, ma femme devenait véritablement une étoile vieillissante. Et je devins plus d'avantage un peu trop le camarade de mon fils, étant entendu que j'étais rattrapé dans le temps par mes propres écrits. De Joël à moi, je ne sais véritablement plus qui parle, dans un jeu de rôle que me propose la raison. Malgré la bonne foi des infirmières, je ne faisais plus confiance à personne dans le monde, et je l'ai dit avec les risques que cela implique. Sans avoir vu qui que ce soit depuis la pandémie, je ne saurai provoquer de gros dégâts, avant tout, je raconte cela à mes risques et périls, devant des docteurs probablement mécontents, et de ma liberté d'opinion, et de ce pouvoir. Il fallait claquer les mains à sa fenêtre pour prouver qu'on n'est pas malade, faire des piles de vaccinations avant de faire le tour du monde. Les femmes battues, des excès de sursaut, lorsque nous sommes aperçues joue contre joue. Ce que j'aurai voulu c'est que, ce style de vie difficile qui empêche de respirer, n'arrive pas aussitôt. Mes gamins n'étaient pas là pour voir tout cela.

La meilleure façon de prendre de l'avance, ou de mourir, c'est dans l'obscur, sans le dire à personne. Un obscur qui est comme cet infini dont nous ne connaissons pas les contours. Mourir puis croire à sa fin du monde, quand j'en aurai assez, un de mes derniers fantasme serait de partir à une bonne heure avec Rosa, avec les larmes aux yeux, mais sans masque c'est tout de même mieux.

Je dirai, chère enfant ton père allait encore vivre pour gagner de vitesse l'espérance de vie, lui de son côté et moi du mien. J'avais appris, son départ sur ce corps allongé et inanimé. Voilà ce qui devait tuer ce petit vieux pour de bon, et cette fois ce ne fut pas moi qui l'aie écrit dans un livre. Je ne verrai pas son enterrement, je me sens très mal depuis sa mort, du fait de cette peur qui ne se résume pas seulement à où on ira, mais qui est également caractérisé par l'irréversibilité qui fait battre le cœur, avec cette impression d'un manque de son, de lumière et d'air.

Malgré mes efforts la pandémie vient tout prendre dans mes concepts, et mon inspiration. Dans une situation pareille, je suis donc bel et bien seul et décidemment, même la nature avait une théorie contre moi. Par rapport à la nature, je pouvais dès lors me targuer d'avoir à mes côtés l'avantage de la conscience, devant le dieu qui l'a fait, j'avais en ce moment compte tenu de ma situation, plus de raison de vivre des moyens de ma femme, la seule personne que j'étais certaine d'avoir véritablement, dans ce beau monde fut-elle encore femme-enfant ou non.

Aucun virus ne se transmettait encore par le grand écran bleu. Grâce aux avancées de l'électronique, les bons anniversaires, les mariages, et réunion de famille et ceux qui font leur emploi à la maison, pouvait voir la sincérité sur le visage. Il était possible de reproduire le vent de chaleur affectif, répandu dans les petits foyers familiaux et entre collègue. Sans masque, ou avec un masque transparent, un bon mot parle comme une ligne de phrase par celui qui le dit, pour celui qui entend ou n'entends pas. Les propositions de mariage, ou des demandes au besoin d'une femme, on est obligé de la faire à l'aide de petits écrans bleus, sans être trop théâtrale. Sans que les voisins nous soupçonnent de nous embrasser à la rue, lorsque sortir de chez soi n'est pas aussi facile à faire. Je n'ai pas vraiment eu le choix. Mais l'histoire se passera autrement, et je devrais trouver une autre hypothèse à l'avenir pour justifier mes intentions.

Mademoiselle Jade, je reprends la lettre avec le fronton-sourcilier, et j'en veux au temps dans une année 2020 qui se perd. Ce que je veux c'est de marcher librement mais pas ainsi. J'ai bien fait de vouloir savoir un destin que j'ai choisi pour Joël mon fils, et il devrait se trouver dans l'obligeance de l'assumer, le monde d'après devra savoir avant lui les opportunités, et les atouts qu'il aura dans une expérience qui voudra, qu'il se présente toujours à l'avantage de mes raisons, et de mes justifications, par des opinions déjà arrangées, parce que le temps s'est arrêté. Alors je veux qu'on me voie écrire avec beaucoup d'entrain, avec le droit à l'imagination qui se rapprocherait des rationnels existants, pour qu'il n'ait pas de la fausseté flagrante, et des superstitions dans les écrits.

Mademoiselle, Jade veux-tu devenir ma femme ? Nous nous marierons demain.

– On dirait que vous m'en prévenez !

– Alors pourquoi ce calme louche ? C'est le rapide chemin, et même cette option facilite la thérapie.

– Ce n'est pas dit dans les conditions qu'il faut c'est vil et impertinent.

– Que reste- t-il à dire que vous n'ayez compris ma tendre ? Il n'y a plus assez de temps. Je veux qu'on s'aime tous les deux pour faire barrage à Rosa le diable.

– Monsieur, c'est insolent, et sur le champ je peux dire non ! Et à juger par l'esprit de votre message, vous n'avez réfléchi qu'à votre bonheur, et pourtant il sera question de ma vie. Serai-je donc toujours ainsi : coi et soumise ?

– C'est vous qui voulez être ainsi depuis le début à cause de vos grandes théories savantes.

– Au moins votre question me laisse dans de l'espoir.

– Je ne cède pas aussi facilement au beau parleur qui présente un romantisme express. Avec moi d'ordinaire ce n'est pas toujours très pratique.

– Il se passe que j'agis par amour, depuis l'instant où vous m'avez allongé sur ce divan. Il se passe que je suis un roi mage qui a su trouver son étoile. Vous êtes ma reine, l'étoile qui m'eut évité de tomber dans le ciel. Vous n'oublierez jamais cette première fois de notre rencontre. Vous êtes une héroïne, s'il ne me reste qu'une seconde avant les délais dans ce bleu ciel, nous souhaiterons avant de redescendre sur terre pour de vrai, que vous voyiez au moins comment était fait votre bonheur dans cette réalité virtuel. Mon ami, je t'en prie, j'ai besoin de toi parce que j'ai peur pour nous deux.

– Jusque-là je n'arrive pas encore à comprendre ce qui se passe.

– Ma raison dépend de votre oui ou de votre non ! Ce n'est pas totalement un conte de fée. C'est bien plus réel.

– Va-t-on fuir Rosa et errer de ciel en ciel ? Quoi après oui ?

– Nous t'expliquerons ce qu'il faudra faire.

– Quoi après non ?

– Alors vous n'aurez pas voulu voir et savoir qui est Rosa!

– Comment y arriver ?

– Bah, par exemple ne dites pas non, si vous le voulez, ou courez à mon secours, parce que redisons-le nous vous aimerons jusqu'au bout du temps court que vous m'accordez.

– Que vous êtes consciencieusement en train de perdre. C'est une erreur ! Vous me mettez dos au mur en si peu de temps. Nous ne nous connaissons que depuis hier.

– J'ai moi-même su que trois serait insuffisant. Vivre c'est apprendre à savoir que le temps c'est maintenant. Qu'importe-t-il de plus : le passé d'hier ou le bonheur de demain ? – Petit-Jean quelques minutes plus tard se réitère. – la scène d'hier ou le bonheur de demain ?

– Le bonheur des lendemains.

– Alors nous t'invitons ! Tu as beaucoup de faciliter à te rendre chez-nous. Nous prenons toujours tout notre temps au sérieux ma tendresse.

– Il faut que j'aille un moment. C'est entendu je viendrai à l'invitation !

– Moi particulièrement, je te croirai à chaque fois que tu me le diras, mais n'abuse pas s'il te plait de mes angoisses. Nous sommes étrangers et nous ne pouvons pas plaisanter. Mais pour notre bonheur n'arrêtez pas de faire vos enregistrements. Souvenez-vous toujours de la situation de votre rencontre, avec l'amour on ne peut pas être si bon joueur, quand tout n'est qu'imprévu.

– Tous changent sous mes yeux Monsieur Petit-Jean.

– Une rencontre amoureuse ne commence-t-elle pas par des confessions. Il n'y a que dans les théâtres, que les histoires d'amours commencent dans un déluge d'applaudissement et de pétard.

– J'ai peur de ne plus pouvoir contrôler la situation Monsieur Jean. Un nœud se forme.

– Voilà, amoureuse sécrète ce que te parler assidument a su faire. J'ai besoin de toi, pour beaucoup écrire, et lire, alors je nous propose de dépasser le stade de l'étrange amitié dans des plus douces poésies. Si cela t'intéresse accuse bonne réception, et ait foi, mais je ne te garantis pas de bien recevoir ce que tu me diras ; quoique tu me diras. Dans le pire des cas c'est mon enregistrement que vous aurez. Mais sache que si tu fais inhumanité à l'être doux que je suis, même si tu me supplie de m'avoir mis en peine, des soudains prétextes s'appliqueront en prévision dans la vie qui ne cesse pas. Je jauge l'importance de mon imagination au plus haut degré de mérite. Personne n'oubliera jamais, et même pas le soleil qui a rendu le temps d'une journée longue à se terminer. Mes erreurs d'imaginations dans ces modèles d'écritures, se corrigeront car ma raison me donnera le pouvoir de les changer perpétuellement.

– Si vous m'aimez encore demain, je vous répondrai. De-là nous n'en sommes qu'à quelques heures. Je vais ruminer notre conversation de la journée et analyser tout ce que vous m'avez dit

– N'ayez pas peur pour moi Jade, dans la foi de nos traités, je ne compte pas faire plus d'idiotie. Venez à mon rendez-vous.

Rosa le moi.

Le 26 février, il est 20 heures 30 minutes au pendule du restaurant Japonais.

– Mademoiselle Jade, quand on aime, c'est pour le meilleur et le pire en effet.

– Dites-moi, c'est quoi le pire ?

– Tu n'avais le droit qu'à une parole.

– C'est quoi le meilleure ?

– Passez plus de temps ensemble.

– Bien Monsieur Jean, puisque nous y sommes, élucidons les bons et mauvais points. Des antécédents amoureux ?

– C'est incroyable ! J'ai du mal à vous reconnaitre, lorsque nous nous retrouvons en interview face à face.

– Oui c'est oui ! Non c'est non !

– Je veux juste éviter les rhétoriques monotones.

– Pas d'esquive !

– Jade j'ai dit non !

– Et la journaliste !

– C'est une journaliste, elle a une doublure ou des correspondants, c'est-à-dire quelqu'un qui est là-bas quand elle est ici. Elle m'informe !

– Pourquoi je sens des coups de colères ? Nous nous sommes entendus ! Jean, juré que, vous ne vous faites pas l'image du garçon bien déguisé à mes côtés, pour que je serve d'appât pour des conquêtes futures ?

– Lorsque dans une relation il n y a plus rien à exprimer c'est dangereux. Les étoiles changent les destins à tout moment, et j'ai peur que nous n'ayons plus le temps qu'il faut, car il devient tard. Et pour éviter une étoile, et rencontrer une autre, il faudrait marcher très longtemps sur une grande distance. À quelques temps d'aujourd'hui, dans le passé plus précisément vendredi soir, vous m'aviez quoique l'on dise donner ce soir-là, un second souffle. Donnez-moi la chance d'immortaliser, cet instant.

– Moi je veux être convaincu de vous avoir, mais vous sembler m'échapper encore. Vous renfermez quelque chose.

– Alors à quelle heure connaitrai-je la réponse à ma proposition docteur ?

– Quand vous auriez du temps à m'accorder Monsieur.

– Je vous ai accordé le temps que vous vous êtes choisi. Avez-vous conscience que ce courage, et cette proposition, ne me viendra pas deux fois ?

– Et c'est encore mieux Monsieur Jean.

– A vrai dire demoiselle Jade, mon nom c'est Joël Bo de la famille Joël. J'ai cru que vous en seriez perturbé, et je n'ai rien pu vous dire de peur de tout gâcher. Puisque nous sommes là aujourd'hui, autour de cette table, comprenez que ce qui se passe vraiment dans ma tête, n'a pas encore eu lieu.

– Ce n'est ni le lieu ni le moment.

– Mais c'est ici que je veux vous le dire.

– La superstition ; c'est l'idée première que l'on a lorsque l'on regarde cette image, qui n'est pourtant qu'une image de fond. "Tous n'est pas toujours ce qui parait." Et c'est dangereux parce que les hommes vivent de ce qu'ils croient.

– Si vous m'aimez, vous me devez la vérité. N'attendons pas que je trouve moi-même des dénouements Monsieur Bo. Aux pire des cas vous n'aurez qu'à écrire : ici pas de fin. En plus je ne sais pas tout de vous.

– J'ai connu des histoires sans fin dans le bon vieux temps. C'est peut-être mieux. Mais vous devez faire votre travail avec toute l'éthique que cela nécessite. Je suis un patient comme un autre. Je promets d'être sage à l'avenir.

– Mais qu'est-ce que tu racontes, nous ne sommes plus en thérapie ! Par peur qu'en réalité l'on te prenne dans ton petit jeu de manipulation, tu vas contre responsabilité. Je suis désolé, j'ai plus le temps. Je vous laisse la toute fin de votre projet.

– Mon projet ! Vous n'aviez en réalité eu qu'un mot à dire pour vous approprier cette histoire. Et si vous refusez le projet, je me verrai dans l'obligeance, de dire que nous nous en remettrons au destin. Et ce projet restera intitulé : Le monde d'après. Fais dans un monde moderne que nous découvrons chaque jour. Je vais suivre votre conseil et alors nous écrirons : ici pas de fin. Et je vous dénoncerai pour n'avoir pas bien fait votre travail ! Je retire ce que j'ai dit.

– Quoi ?

– Ah ! Parce que ça vous intéresse déjà !

– J'ai dit que j'allais me plaindre je n'aurai pas dû dire ça.

– Parlons de Rosa.

– C'est curieux de parler du diable à un diner romantique devant toutes ses bougies, on dirait vraiment une réunion de loges.

– Être curieuse est une particularité de mon métier. Mais toi dis-moi, Bo c'est quoi l'escroquerie de la secte.

– Mademoiselle Jade, l'escroquerie c'est le sexe faible. La femme est la faiblesse de mon esprit et je devais vaincre cette faiblesse. Dire un mot sur le sujet à quelqu'un, est devenu comme arraché une rose. D'où son nom. La régale qu'il y avait à regarder ce visage facile à peindre ne promettait pas la remarque d'une erreur possible. Enfin une qui ne serait faite d'aucun parent, je devais me l'approprié. La posséder.

– Mais pourquoi ?

– La question c'est comment se fait-il que jamais je n'ai vu le diable en rêve si elle existe ? Je me devais de lutter contre moi pour vaincre cette amour dans une parole à jamais dite, à celle qui était belle et là, la première. C'est celle que j'ai vu, avant celle qui en elle se faisait représenter pour lutter. Guerre contre l'amour, est-il rien de plus possible à nos jours ? Mais l'amour est partout. Il n'était plus question de gagner, l'humiliation me suivra partout comme dans une sorte de cycle sans fin. Depuis ce jour, je pèse ces questions comme des poids, mais la conviction est sécrète, et pourtant des âmes doivent être libérer, ce sont ceux des personnes qui se sont attachés à Rosa. Je m'entends dire cela, pour dominer ces soucis.

– Et qui en effet à porter ce monde et ce corps d'elle ?

– Mais avec vous je me suis payé la honte des explications dans des questions du genre : qui donc dira quoi ? Qu'est-ce que je peux faire ? Que faut-il en penser ? Mais je ne nierai pas que j'ai l'âme en paix depuis que j'ai libéré la parole à cet effet.

– Je veux qu'on parle du prétexte de tes hésitations, et ta timidité. Allez-vous me dire, oui ou non, qui est le diable que vous cachez ? J'ai besoin de vous y entendre au sujet de ce diable Monsieur Bo.

– Votre réponse à ma demande de mariage en dépend je sais. Mais il fallait beaucoup de développement et de figure. Avec vous je me suis montré comme je suis : juste moi !

– Pourtant vous ne me dites toujours rien. Je me tenais heureuse de vous écouter jusqu'au moment où vous m'avez demandé en mariage. Eh bien ! Là j'ai l'impression que nous sommes dans une vieille relation amoureuse où il n'y a plus rien à exprimer.

– Jade cette histoire je ne la voulais pas comme ça. Si vous êtes parvenu à me parler tel que vous le faites, c'est parce que vous n'avez aucune idée de qui je suis, et du métier que je fais.

– Libérez-vous ! La suite dépend de nous, vous me montrez Rosa et je répondrai à votre demande.

– C'est dire que cette histoire, même si nous l'avons écrite, relève en fait du destin. Tu es mon repère. Prêt à hypothéquer l'avenir que ne ferait-on pas? Dans cette nuit qui s'avance je voudrais retourner en arrière, et arranger les choses de sorte que je ne découvre jamais cette Rosa, devant ce miroir de ma chambre. Mademoiselle Rosa c'est moi, c'est une part de la richesse que j'ai pu obtenir. Et donc il conviendrait de faire revivre à la fois, la jeune demoiselle, la mère qu'elle aurait été toutes à la fois, pour sauver l'avenir des enfants que je me devais toujours de faire naitre, pour en avoir la totale possession. Sans vraiment que Rosa devienne une âme qui épouvante les sommeilles, parce qu'elle souhaite poursuivre une mission qu'elle aurait dû achever. Et donc cette expérience avec cette journaliste c'est moi-même dans ce visage.

En effet rien n'est fait au hasard, et vous comprendrez enfin la situation entre le monde où vit Rosa et moi. L'idée n'était pas de plaire, un couple père-fils serait intéressant, mais jamais je n'aurai vraiment accepté que mon fils me voit ainsi, comme son genre de fille. Je préférerai qu'il me voie comme sa mère. Il est difficile d'écrire un destin féerique, pourtant je suis certain que quelque part dans nos enregistrements, chaque question que je lui ai empêché de me poser, la journaliste l'aurait fait. Sans réel avantage, dans un débat qui tombait en éclat, à son propre sujet, les coups de cette jeune fille, s'ajouteraient à une inquiétude qui n'en redemandait pas tant. Cette femme était toute jeune, elle n'aurait peut-être pas dit non à sa demande de mariage. Il n'aurait peut-être pas été question d'un viol dans leur relation, mais dans le même temps comment pouvait-on savoir ! Cette mise en scène était le moyen, de nous retrouver, tout en faisant parler les choses par elles-mêmes.

– Tout explique tout ! L'amour est bien plus compliqué, et la postérité aussi. Je voudrais changer l'histoire. Tout ressemblera à un tissu de mensonge, un jeu du mauvais plaisir pour vos enfants Monsieur Joël Bo.

– Chacun en fera sa lecture, chacun s'en identifiera à bon escient. Je ne serai pas capable de la laissé tomber moi-même, je l'aime à en mourir.

– Vous n'êtes pas forcément instable. Mais vous m'avez menti sur votre nom Monsieur Bo.

– Je suis fou amoureux de vous ! Maintenant je vous aime sincèrement autant qu'il est possible d'aimer.

– Tel que vous l'avez vu, la situation m'échappe. Je ne suis pas parfait non plus ! Entre l'homme et sa personnalité c'est du un poids deux mesures. Quand un homme fait une audace, ou une proposition qui demande un effet immédiat, il le fait sans sa raison. Je reconnais que cette proposition est belle et bien de toi. J'ai regardé tout autour, et je n'ai vu qu'un homme devant moi pourtant. Tu sais, le petit côté spirituelle, il plaira peut-être pour les apparences ; mais dans ta double personnalité je sais qui j'aime. Joël Bo, je t'aime pour ton courage et ta franchise et j'ai pris la peine de venir vous le dire ici.

– Quand tu le dis comme ça tendresse, j'ai le cœur qui bat plus vite encore. Je peux me permettre une autre vie. C'est une mission difficile, mais pas impossible.

– Vous m'aviez fait traverser en deux jours, ce que j'aurai pu vivre en une vie, mais pour cette créature que vous cachez...

– Jade c'est un dilemme entre curiosité et audace. Entre amour et esprit, cela m'aide à faire de l'esprit.

– De toutes les façons il va falloir convaincre votre raison ! Je ne pourrai pas t'aider, tant que tu ne te feras pas confiance en retour ; et aussi longtemps que tu feras morgues de toi-même. Je retourne chez-moi.

– C'est quoi ça Jade ?

– Tu ne peux pas m'abandonner ! Pas maintenant que nous sommes là ensemble seul, et tous les deux. Tout à l'heure tout allait bien ! Reste ! Fais l'amour avec moi.

– Non je crains qu'il y ait quelqu'un de trop dans cette pièce. Nous ne sommes jamais seuls au même moment hélas. Il n y a que quelques minutes que je suis là, et je me sens déjà toute seule. Il y a toujours cette image de Rose qui revient.

– Je ne suis qu'un homme normal, ne me demande plus de changer. Tu seras heureuse d'apprendre qui elle est.

– Qu'est-ce que cela peut bien faire maintenant que je pars !

– Si seulement tu pouvais savoir que je lutte contre moi-même pour notre amour !

– Mais bon sang ! Je récupère le temps que vous m'avez objectivement perdu.

– Mon amour le temps passe, Jade je ne te laisserai pas sortir.

– Il n y a personne à témoin qu'allez-vous me faire ? Me rouer de coup, et fermer le poing de votre histoire sur moi.

– Je trouve que c'est trop dire ! Le regard que vous portez sur moi me transperce ! Je reconnais avoir agi sans sagesse et même sans raison au début… Mademoiselle je vous veux, et j'ai le sentiment que vous êtes celle qui doit arriver.

– Il te faut ce que je propose de te donner, ou alors je suis au pire de tous, regarde-nous, on semble avoir tout oublié.

– Non ! C'est vous que je reprends en exemple.

– Bien ! Le revers est inattendu, et il est froid, voyez-vous, j'ai du mal à croire que c'est vous qui le dites, absurde mais voilà ! Vous m'avez pris en surprise Mademoiselle Jade.

– Vous ne m'aurez pas au sentiment feint Monsieur Bo. Il n y a plus qu'à vous souhaiter bonne chance.

– Mademoiselle, le monde d'après parle de vous ! Ce projet, notre projet, c'est vous ! Je l'ai fait pour vous ! Et il me coute très cher comme vous le constatez autour de vous. Si vous acceptez que je vous regarde encore un peu, comme un tableau de mire, je pourrai faire de vous, la fleur des poètes.

– Hey ! Votre vie privée va être lu.

– Pourquoi ne pas ? Les personnages du monde d'après auront des noms d'emprunt !

– Ah bon ! Comment ?

– Voilà, vous n'avez droit qu'à quelques extraits, avec le temps de tout mettre au clair ce sera bien ou mieux.

– Mais vous m'avez extorqué des propos Monsieur Bo !

– Cette histoire ne vient pas foncièrement de ma raison, elle n'a donc pas été songée d'avance. Vous avez accepté de faire des enregistrements.

– Vous vous servez des têtes des autres pour faire vos peintures !

– Vous êtes très intelligente, mais c'est quand même par mes efforts que je m'exprime.

– Et pourquoi comme ça Monsieur Bo ?

– Je suis en désespoir de cause Jade.

– Le monde d'après serait-il donc un calque ?

– Je n'ai pas vraiment le choix Mademoiselle. Mais si ça peut rassurer je ne le fais pas pour battre l'ennui.

– En réalité, il ne fallait pas vous gêner. Il n'y a pas trop à apprendre sur moi. Mes amis me trouvent tantôt impertinente et direct. Je n'aime pas tous qui a une fin, trop triste. Mais c'est vrai quoi ! J'aime agir à mon compte. J'ai comme toujours eu une vie vide, avec la sensation de n'être comprise de personne ! J'avoue que je suis tenté de vous céder. Vous ne dites rien ? Mais alors quel résultat ça donne dans l'enregistrement ?

– Nous devons tous nous dire n'est-ce pas Jade ? Alors voilà la scène : tu t'occupes de tes dialogues et moi des miens. C'est une personne à la fois, sinon nous ne comprenons plus rien.

– Les hommes tel que vous qui écouter vraiment les femmes, ne court plus les rues.

– Je voudrais bien croire. Racontons-nous.

– Alors je voudrai une description spéciale. Si nous devons sortit ensemble Joël Bo, je voudrais que tu me mettes aussi sur ton mur, tes profils, que tu partages mes images, et je voudrais que les textes soit saisies en Time new roman…mais qu'est-ce que tu fais ?

– Je note ! Là nous ne sommes pas en enregistrement, et un moyen de m'en souvenir c'est de noter. C'est des formalités d'écriture, tu peux déjà le savoir je n'avais rien prévu. Je vous donne juste ce que vous vouliez, une histoire digne d'un conte de fée. Moi non plus je n'ai que cette histoire qui de toute façon nous revient. On en rira peut-être et nous y compris.

– Vous le dites bien ! Le monde d'après est une histoire qui ne réussira donc que sur scène. À vrai dire un projet d'amour sur moi, en ce moment serait une mauvaise histoire.

– On n'aura jamais vu ça, fais-moi confiance.

– Trois jours Monsieur Bo ! Serait-ce le temps suffisant pour une histoire d'amour ?

– Le temps n'explique pas tout concentrons-nous sur l'important. Il y a le temps de lire, de relire, et aussi le temps de l'histoire nous n'avons pas droit à l'erreur. C'est vous qui avez décidé du temps.

– Pour être honnête avec vous Monsieur Bo je crois que nous ne nous disions pas tout l'un à l'autre.

– Mais voyons ! J'aurai besoin de ton visa il n'y a plus de dernière solution. Je ne peux pas faire un trait sur notre histoire.

– Pourquoi tout devrait tomber sur moi ?

– Il faut croire au destin, vous êtes chanceuse c'est tout. Les étoiles sont une source d'inspiration pour les mages, et les poètes. Et moi j'ai juste été placé au bon ciel et au bon bureau.

– Je ne m'attendais pas à ce qu'un roman de ma vie commence maintenant. Et encore moins, qu'il soit rédiger en si peu d'instant.

– Aussi longue que soit l'histoire, elle est toujours plus rapidement lue que le temps mis à l'écrire. Nous sommes en train de faire de l'amour Jade. Cette écriture nous entraînera à la réalité.

– L'amour se fait en duo, et non à l'écart des concernés. Confiné dans mon cabinet trois jours durant, et déjà tu prétends me connaitre.

– Votre personnalité serait-elle aussi une invention jusqu'ici Mademoiselle ?

– Monsieur, je suis juste un peu dépassé par la tournure qu'a pris la circonstance, dans mon cœur ce n'est pas aussi facile de tout admettre. Il n'y a que vous qui écrivez notre histoire.

– Il fallait bien que quelqu'un parle et j'ai parlé !

– Toutes les couvertures seront tirées de ton côté.

– Je sue à la tâche, faisant à bout de force lignes, et points, pour vous remercier. C'est vous qui avez l'éloge la beauté, et les gros plans. Moi je suis le fou, le psychopathe, le retardé. On aura beau s'en approcher, on ne me verra pas si vous ne le vouliez pas. Que j'écrive notre histoire allongé sur un canapé, personne ne le saura jamais, en dehors de toi et de moi.

– Vous m'utilisez pour votre monde d'après.

– Vous êtes la seule, à savoir comment finira cette histoire, ce n'est pas sorcier.

– Si je ne participerai pas de toute façon sur scène, aux jeux du drame ou de la comédie de ma vie, je voudrai au moins voir qui est Rosa.

– Non ! Si je te la voile encore, c'est bien parce que je le fais pour toi crois-moi !

– Ma rencontre amoureuse, je ne l'attendais pas comme ça. Tu m'invites à un diner romantique pour parler du diable en buvant du champagne, c'est complètement paradoxal. Même dans des situations un peu similaires à celle-ci, j'ai vécu mieux.

– C'est la logique que veut la situation. Pour me recueillir l'endroit n'inspirerai pas moins qu'ailleurs. Mais crois-moi c'est la romance de ta vie.

– Pourquoi voulez-vous changer les mœurs ? Les choses ne se passent pas comme cela ici chez nous.

– Il faut voir mes yeux, pour savoir le respect que j'ai pour vous Jade. C'est du jamais vu. Et c'est ça même que j'essaie de t'expliquer.

– Je comprends mieux votre petit jeu Joël. Mais écoutez-moi ! Une demande en mariage ne doit pas devenir une prise d'otage psychologique, ou un chantage émotionnel. Maintenant que le non ne fait plus le poids que va-t-il se passer si je dis non ?

– Ça sortira comme ça sortira ; et puis celui qui m'a tué, m'a tué ? Quel sera le drame si ça venait de vous qui, sans hésitation me sauver la vie quoique nous dirons ? Mais ne vous laisser pas faire. Tu es venu, et maintenant je sais que tu m'aimes. Même si l'histoire n'est pas réalisée il y a un lien qui nous liera. Puis cette histoire, je pense, est comme celle que toutes filles ordinaires auraient rêvé.

– Vous vouliez que je parle dans votre boîte d'enregistrement, alors c'est fait. Vous ne m'auriez plus comme ça Monsieur le réalisateur des bonnes comptines. J'aurai vraiment dû vous laisser tomber dès que je l'avais apprise !

– Mais non! Si quelqu'un est à même de me manipuler ce serait toi. Le temps passé à l'écrire, m'est trop précieux, et trop chèrement payer pour qu'il s'agisse d'une plaisanterie. Mes problèmes je vous les ai expliqués.

– Pourtant j'ai l'impression de les découvrir encore Monsieur Bo.

– Nous finirons l'histoire ensemble, et nous la finirons bien si tu le veux.

– Comment arriverons-nous là ?

– Où ?

– Au monde d'après, à la fin d'une histoire ?

– Jade évitons de tourner en boucle, répondez-moi c'est mieux.

– Quoique je réponde c'est toi les personnages. C'est toi qui sais tout.

– Je ne vous comprends pas Jade, aucune demande en mariage n'est aussi intelligente et romantique que la mienne. Ne reste pas longtemps sans rien me dire.

– Justement Monsieur Joël Bo, c'est toi qui ne me comprends pas, et je ne sais plus comment te parler, tout m'a été dévoilé et maintenant je ne trouve plus rien à vous dire.

– C'est parce que vous savez déjà toute la vérité ?

– Joël Bo, je ne peux pas me permettre de vous faire peur, je ne vivrai pas avec cela dans la conscience.

– Je t'ai invitée, tu as accepté, puis tu es venu.

– Je ne me suis pas imposé !

– C'est pourtant ce qui me semble.

– Et vous voilà déjà prétentieux je m'en vais !

– Non attends Jade ! Sortons ensemble, ne t'en va pas sans rien me dire. Je suis désolé c'est ma propre raison qui me fait toutes ses prétentions.

– Alors c'est Rosa ou moi.

– Je vous l'ai dit Rosa est aussi une alternative pour notre avenir. Faire le choix entre mon âme et elle, je préfèrerai mon âme. Reste ! C'est ma raison, et vous aussi, vous en avez certainement. Elle est mon devant-derrière, l'œil de mon esprit. On est plus grand quand on en a une. Donne-nous justement l'occasion d'échapper à l'aide de ma raison comme tu le désires tant.

– Je veux juste savoir comment être active à la participation de ma propre histoire d'amour. Celle qui enfin est la mienne.

– Il te suffit d'accepter que je fasse exister Rosa et ce scénario, je la ferai exprimer dans mon propre journal comme je te l'ai expliqué ! Si tu donnes une existence à toutes ses inventions.

– Comment ? Rosa n'existe donc pas !

– Tu vas être ma femme et… je veux être toi. Rosa c'est ma version de toi !

Après quelques temps d'accalmie et d'étonnement.

– Et toi est-ce que tu seras mon mari au moins !

– Tu as dit mari ? N'arrête pas de parler, et ainsi j'aurai trouvé ce que je cherche, c'est très simple, mais ne faisons pas des scènes préconçues. Si tu empruntes des caractères, le dialogue, sinon toute l'histoire perdra ses formes originales.

– N'empêche que du point à la ligne, je veux tout savoir. Tu es un génie. Non tu n'es pas instable tu sais bien ce que tu fais.

– Trop détaillé réduirait toutes suspicions à l'endroit de nos auditeurs et lecteurs. Je perdrai toutes prudences, et toutes honnêtetés dans l'écriture.

– Je dis oui !

– Et je crains que tu me voies déjà comme il ne conviendra pas Jade.

– Uniquement si vous me forcez à le faire.

– Le nouveau monde est pour le moment inachevé.

– Et je ne l'ai même encore jamais lu.

– Vous tenez ce projet entre vos mains. Ecoutez simplement vos enregistrements. Justement nous n'aimons pas la tournure du début de notre histoire. Même si elle a été pour nous une manne inconnue venue du ciel. Alors je te dirai qu'huit nous suffira, qu'humble moi je suis, qu'humanité est né ainsi par une simple déclaration, que parfum sur ton corps raconte la lune, qu'honteux je ne sais pas danser. J'ajouterai qu'heure ne se rattrape point, mais se recommence, qu'hôtel est lieu de lune-de-miel, sous l'une de ces trois cent soixante-cinq lune, qu'ombre prouve une nuit cachée, qu'hier jouera dans les cœurs, qu'hasard est dans la situation du meilleure choix, qu'heurté ta lèvre par ma lèvre m'oblige à la loi du silence. Je te dirai qu'hâte sur moi le pardon, je veux encore croire que, je regretterai d'autres meilleures intentions, sans mauvaise ruse d'avant-gardiste. Je te dirai dans le quant à soi, ce qu'homme ailleurs ne t'aurait dit.

– Si je dois te laisser me prendre pour que tu fasses de moi ton mari. Je dois avoir la preuve que tu ne feras pas de mon image un monstre.

– Monstre ! Je vis, et j'invente avec toi notre future. C'est en soucis de cela, que nous écrivons et nous le faisons.

– Mon Bo, pour écrire au sujet de nos difficultés, je serai d'accord que nous prenons aussi l'idée, du point de vue de Rosa et du mien, pour dominer sur notre monde.

– La lecture sera ailleurs étant entendu que l'image de Rosa c'est le tient ma chère jumelle.

– On aura du mal y croire, Mademoiselle Jade l'angélique devenu diabolique descends aux enfers avec des propos de mon bonheur. Merci de m'être venu en aide. Le projet je vais commencer par le publier ! Alors tu me passe le magnétoscope pour voir ce que ça donne sur du papier ?

– Ah oui ! Je t'aime mon Bo.

– Je t'aime moi aussi ma belle.

yes

I want morebooks!

Buy your books fast and straightforward online - at one of world's fastest growing online book stores! Environmentally sound due to Print-on-Demand technologies.

Buy your books online at
www.morebooks.shop

Achetez vos livres en ligne, vite et bien, sur l'une des librairies en ligne les plus performantes au monde!
En protégeant nos ressources et notre environnement grâce à l'impression à la demande.

La librairie en ligne pour acheter plus vite
www.morebooks.shop

KS OmniScriptum Publishing
Brivibas gatve 197
LV-1039 Riga, Latvia
Telefax: +371 686 204 55

info@omniscriptum.com
www.omniscriptum.com

Printed by Books on Demand GmbH, Norderstedt / Germany